Découvrez l'histoire par les archives de presse

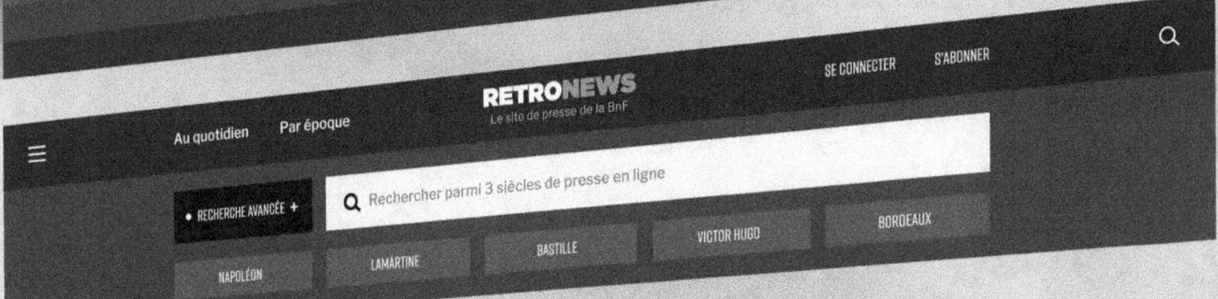

RETRONEWS

Le site de presse de la BnF

www.retronews.fr

REVUE DU MONDE MUSULMAN

TOME QUARANTE-HUITIÉME

REVUE DU MONDE MUSULMAN

Publiée par

LA MISSION SCIENTIFIQUE DU MAROC

———

TOME QUARANTE-HUITIÈME

1921

———

PARIS

ÉDITIONS ERNEST LEROUX

28, RUE BONAPARTE (VIe)

# Revue du Monde Musulman

DÉCEMBRE 1921.   VOLUME XLVIII

NOTES SUR LA POLITIQUE EXTÉRIEURE DE L'AFGHANISTAN DEPUIS 1919
(MISSIONS ET TRAITÉS)

Admirablement placé entre la Perse à l'ouest et les Indes à l'est, la Boukharie avec le Turkestan au nord et le Béloutchistan au sud, l'Afghanistan, d'expression géographique, est devenu, grâce au nouvel émir Amanoullah-Khan, un État entièrement homogène, ayant une unité politique nationale parfaitement organisée. Cette contrée, d'une superficie à peu près égale à celle de la France, ne compte qu'une population d'environ 10 millions d'habitants. Cette population, bien qu'iranienne dans sa majorité, compte cependant des éléments ethniques bien différents.

Parmi les quatre grandes tribus faisant partie (1) de ces groupements ethniques il en est une, des plus importantes, qui porte le nom d'Afghans. De là est venu le nom d'Afghanistan donné à la contrée tout entière.

Entouré de puissants voisins au nord et à l'ouest, l'Afghanistan a été tour à tour inquiété et choyé, selon les

---

(1) Erzeris, Turkménes, Béloutches et Afghans.

circonstances, par deux grands États : la Russie ou l'Angleterre. La rivalité anglo-russe, dans cette contrée de l'Asie, a valu à l'Afghanistan sa quasi-indépendance. Mais ce pays, fermé jusqu'en ces derniers temps aux Européens, était, de par ce fait, rigoureusement isolé du reste du monde. Les Bolcheviks, dans leur désir de soulever les Indes contre les Anglais, ont déployé toute leur énergie pour que l'Afghanistan, en tant que *pays entièrement autonome*, entrât directement en relations avec les autres États. La mort de l'émir Habiboullah et l'avènement au trône du nouvel émir Amanoullah-Khan ont fourni cette occasion tant recherchée et la Russie des Soviets, la première, en a tiré les profits immédiats.

Le conflit indo-afghan.

L'assassinat à Djelalabad de l'émir Habiboullah (20 février 1919) avait eu sa répercussion sur la frontière indienne. Le 7 mai 1919 des troupes afghanes, sous le commandement de Nadir-Khan, attaquaient les postes anglais disposés le long de la frontière. A la date du 9 mai, l'*India Office* publiait à Londres le communiqué officiel ci-dessous :

Des informations officielles ont été données à plusieurs reprises au sujet des récents événements d'Afghanistan. L'état du pays a donné lieu depuis quelque temps à des préoccupations, car il était difficile de croire que l'agitation consécutive à l'assassinat de l'émir et à la lutte pour sa succession au trône pût manquer d'avoir une réaction sur la frontière du nord-ouest de l'Inde.

Des renseignements fournis ces jours derniers par le gouvernement de l'Inde, il apparaît que ces appréhensions étaient justifiées. Des bandes armées d'Afghans, paraissant comprendre des troupes régulières qui prétendaient agir par ordre du gouvernement afghan, ont passé la frontière sur différents points dans le voisinage du col de Khyber (situé à la frontière et sur la route de Peshawer à Kaboul) et ont occupé Bagh Springs, Tor Tsappar et Spinatsuka sur le versant indien.

L'Émir Amanoullah-Khan.

On annonce d'autres mouvements de troupes afghanes dans la direction de la frontière.

Le gouvernement de l'Inde prend des mesures énergiques pour repousser cette incursion et pour régler avec fermeté les incidents ultérieurs qui pourraient se produire. Les troupes envoyées à cet effet ont été placées sous le commandement du général Barrett. On s'attend à ce qu'elles s'acquittent facilement de leur tâche. L'attitude des tribus du côté britannique est, d'après les informations reçues, satisfaisante.

Le vice-roi a adressé de vigoureuses remontrances à l'émir, l'invitant à prendre des mesures immédiates pour faire rentrer ses sujets dans l'ordre.

L'agence Reuter annonce que les troupes britanniques commandées par le général Barrett ont occupé le 13 mai le fort de Dakka (Afghanistan). Cette opération porte un coup grave aux Afghans.

Au point de vue militaire, on peut y voir un indice que le mouvement afghan va être rapidement maîtrisé. Dakka est situé en un point de très grande importance stratégique sur la rivière Kaboul, à l'endroit où la route quitte le cours d'eau.

L'agence Reuter apprend le 21 mai que, selon les dernières nouvelles des Indes, les troupes afghanes ont fait leur apparition devant les postes anglais qui occupent, le long de la frontière, le sommet de la vallée du Kurra et devant les avant-gardes anglaises stationnées à Acquetta. La tranquillité règne à la frontière parmi les tribus.

La marche de l'armée afghane vers l'Inde avait été précédée, en avril 1919, d'une tentative de soulèvement du Pendjab. Si le mouvement révolutionnaire avait réussi, si les voies ferrées avaient été coupées, l'invasion des provinces occidentales de l'Inde eût été un fait accompli. Mais la vigilance anglaise déjoua les projets des révolutionnaires indiens. La loyauté au gouvernement britannique des princes indiens était une garantie pour la sécurité du pays. Le major Bailey, dans son discours prononcé à la Société de géographie de Londres, le 22 novembre 1920, en donne un exemple lorsqu'il rappelle que les lettres envoyées à la sœur de l'un d'eux par le grand révolutionnaire indien Mahendra Partab étaient remises sans être ouvertes aux autorités anglaises (1).

(1) Le radja Mahendra Partab est un grand propriétaire terrien aux Indes.

D'autre part, des documents d'une réelle importance, témoignant de l'activité des révolutionnaires indiens, furent saisis par le général anglais Dyer pendant la poursuite de l'armée afghane que commandait Nadir-Khan. Parmi ces papiers se trouvait un plan détaillé du Gouvernement provisoire de l'Inde que les chefs du mouvement révolutionnaire, Mahendra Partab et Barakatullah, avaient élaboré. Selon ce plan, la présidence de la République des Indes devait être partagée entre deux candidats représentant les deux religions dominantes des Indes.

Tandis que se déroulaient ces événements, une certaine effervescence se dessinait plus au nord, parmi les tribus d'Afridis et les populations belliqueuses du Waziristan. Le 28 mai, le nouvel émir d'Afghanistan, Amanoullah-Khan, adressait au vice-roi des Indes une lettre par laquelle, selon l'analyse communiquée par l'agence Reuter à la presse parisienne, après avoir laborieusement expliqué les raisons pour lesquelles il a commencé les hostilités, il exprime le désir d'entamer des négociations à Landikotal ou Peshawer, en vue d'une paix honorable et avantageuse pour les deux parties. Il annonce qu'il a envoyé aux commandants afghans des instructions leur enjoignant de mettre fin aux hostilités et aux mouvements de troupes :

De *Reuter-Londres* (5 juin) : ... le gouvernement de l'Inde a répondu à la demande de cessation des hostilités que lui a adressée l'émir d'Afghanistan. Les conditions posées par le gouvernement à la conclusion d'un armistice sont les suivantes : les Afghans se retireront à 3o kilomètres au delà de la frontière ; les troupes britanniques resteront sur leurs positions ; les aéroplanes britanniques pourront opérer des reconnaissances au-dessus des lignes afghanes, mais sans jeter de bombes ; le gouvernement afghan usera de son influence pour dissuader les troupes de la frontière de se montrer hostiles aux troupes britanniques.

Il est marié à la sœur de l'un des plus grands princes du Pendjab. Il se trouvait à Berlin pendant la guerre. En 1919 il était en Russie ; on le vit à Moscou, à Kazan, à Tachkent, à Boukhara.

Le 26 juillet, les pourparlers de paix commencèrent et, le 8 août, l'accord entre Anglais et Afghans s'étant fait, la paix fut signée. Pour punir l'Afghanistan d'avoir violé la frontière nord-est de l'Inde, le gouvernement anglo-indien privait l'émir du subside annuel de 120.000 livres sterling qu'il recevait naguère. En outre, tout transport d'armes ou de matériel de guerre à destination de l'Afghanistan était rigoureusement défendu à travers le territoire indien. Toutefois, dans une lettre adressée au représentant afghan, le gouvernement de l'Inde reconnaissait à l'Afghanistan sa liberté d'action « à l'intérieur comme à l'extérieur ».

Cette paix a eu pour l'Angleterre des conséquences assez préjudiciables.

Les tribus intraitables de la frontière afghano-indienne, qui représentent une force de quelques centaines de milliers de guerriers bien armés, rompus à la guerre d'embuscade, ont interprété ce traité comme une victoire afghane. Le prestige anglais en a d'autant plus souffert que le nouvel émir, dans ses discours et dans ses actes, affecte une indépendance complète envers le gouvernement anglais.

Le gouvernement des Soviets, de son côté, voyant tout le parti qu'il pourrait tirer d'une situation qu'il avait lui-même contribué à compliquer, s'empressait de reconnaître l'indépendance de l'Afghanistan et proposait en même temps à l'émir d'entrer en relations diplomatiques et commerciales avec Moscou. En réponse, le gouvernement afghan décidait l'envoi d'une importante mission en Russie. Par un accord avec les bolcheviks, le gouvernement ouvrait, vers le mois de juin 1919, un consulat général à Tachkent et le Gouvernement des Soviets envoyait, de son côté, un représentant à Kaboul.

La première ambassade afghane en Russie.

L'homme qui remplissait les fonctions de ministre plénipotentiaire et d'ambassadeur extraordinaire en Russie était le général Mohammed Vali-Khan, tadjik, originaire du Badakhchan. Le général Mohammed Vali-Khan, qui n'a encore que 38 ans, s'installa d'abord à Tachkent (juin 1919) et y organisa un consulat général afghan. Il partit ensuite pour Moscou où il eut des conversations directes avec Lénine et les autres membres du Gouvernement des Soviets. De Moscou, Vali-Khan, selon les instructions de son gouvernement, devait aller à l'étranger, à la tête d'une ambassade extraordinaire, pour notifier aux principaux États l'avènement au trône du nouvel émir d'Afghanistan Amoullah-Khan. Mais le gouvernement des Soviets qui, au début, regardait d'un mauvais œil le voyage de la mission afghane à l'étranger, usa de toute sa diplomatie pour en dissuader l'ambassadeur. Après un court séjour à Moscou, la mission repartit en décembre pour Tachkent et y resta jusqu'en juillet 1920.

Le Consulat général afghan de Tachkent.

Celui qui remplissait les fonctions de consul était un certain Mohammed Aslan-Khan, tadjik de 30 à 32 ans, originaire du Badakhchan. Doué d'une intelligence rare, très au courant des affaires politiques du monde, il était travailleur, courtois et d'une grande honnêteté. Il avait pour secrétaire un jeune révolutionnaire boukhare, Pétratt, à la fois poète et écrivain, et, pour drogman, un second boukhare d'une rare probité, Vafadjan Tchoulibaev.

Le consulat occupait un lot de bâtiments très confortables que le gouvernement des Soviets avait mis à la disposition des Afghans.

Le tombeau vénéré de Tchalik-Ata sur l'Amou-Daria,
face a Balkh (Bactres), et la frontière boukharo-afghane.
C'est un lieu de pèlerinage célèbre.

Cliché Castagné.

Tant d'attention, de la part des bolcheviks, dans un temps où la crise du logement était particulièrement grave, ne fut pas sans être remarquée des Afghans qui, mettant à profit ces bonnes dispositions, firent du Consulat une cité afghane. Un personnel nombreux emplissait les locaux où des services, à l'exemple de ceux d'un grand consulat européen, furent créés. On y trouvait : un consul général, un secrétaire général, plusieurs secrétaires, des traducteurs, quelques dactylos russes, des scribes indigènes, plusieurs officiers afghans, une dizaine de soldats, des courriers, de nombreux serviteurs. Enfin, le consulat servait de résidence aux membres de l'ambassade extraordinaire afghane qui, sous la conduite du général Mohammed Vali-Khan, devait se rendre en Europe. A la porte du Consulat, un soldat afghan était toujours de faction.

Cependant des pourparlers avaient lieu entre le représentant afghan et le Commissariat des Affaires étrangères du Turkestan. Le commissaire Broydo, représentant des Soviets, leur avait fait espérer une rectification de frontière dans le district de Pende. La ligne-frontière passant de Bossaga sur l'Amou-Daria devait se diriger vers Serakhs, frontière persane, par Iolotan, au sud de Merv. Pour donner à cet accord une base plus en rapport avec les principes proclamés par Wilson, un plébiscite devait être organisé parmi la population, en majorité nomade, de la contrée : Turkmènes, Tékés, Salores et Saryks, que d'aucuns évaluent à 200.000 environ. Mais cette promesse, malgré les demandes réitérées des Afghans, n'a pas encore reçu de solution et, cependant, cette question est l'une de celles qui intéressent le plus les Afghans.

C'est pour régler cette question et beaucoup d'autres encore et aussi pour porter à l'étranger la nouvelle de l'avènement au trône de l'émir Amanoullah-Khan, que le général Mohammed Vali-Khan résolut de retourner à Moscou. Le chef de la mission, par suite d'instructions reçues de Kaboul, était bien décidé cette fois à demander ses passeports pour l'étranger.

Entre temps, — c'était dans le courant de juin, — survint un petit incident qui vint troubler la quiétude du Consulat général d'Afghanistan à Tachkent. Sans que rien fît prévoir cet acte, une perquisition avait lieu dans une partie des locaux du Consulat. Comme prétexte, les autorités bolchevistes alléguaient des recherches de déserteurs. Le représentant afghan ayant vivement protesté, les soldats se retirèrent et des excuses lui furent présentées le lendemain. Dans le même temps, le gouvernement des Soviets rejetait la demande des Afghans au sujet de l'ouverture de nouveaux Consulats dans les villes de Khokand et d'Andidjan, au Ferghana.

Les relations russo-afghanes semblaient traverser une période de tension particulièrement grave lorsque, vers la fin de juin, un changement de politique semble se manifester. Le bruit commence à courir que l'émir Amanoullah-Khan avait conclu un nouvel accord avec le Gouvernement des Soviets. Un journal afghan annonçait même que les bolcheviks avaient offert à l'émir une station de radiotélégraphie. Dorénavant, ajoutait le journal bolcheviste russe *Rosta*, Kaboul sera en relation directe avec Moscou.

La mission afghane à Moscou; son activité.

Au commencement de juillet, le général Mohammed Vali-Khan quittait Tachkent pour aller s'installer à Moscou où l'appelait maintenant le gouvernement bolcheviste central.

Durant son séjour à Moscou (de juillet 1920 à mars 1921) Mohammed Vali-Khan manifesta une activité peu commune. Il établit tout d'abord un étroit contact avec le gouvernement des Soviets et conclut, avec ce dernier, l'accord du 28 février dont ci-dessous le texte, d'après le *Manchester Guardian* du 31 mars 1921.

Le traité russo-afghan.

Texte du traité conclu par les représentants du Gouvernement de la Russie soviétique :

George Vassilievitch TCHITCHERINE;

Lew Mikhaïlovitch KARAKHAN;

et les représentants du gouvernement de l'état indépendant d'Afghanistan :

MOHAMMED VALI-KHAN;

MIRZA MOHAMMED-KHAN;

GOULAM SEDYK-KHAN.

ARTICLE PREMIER. — Les Hautes Parties contractantes reconnaissent leur mutuelle indépendance et promettent de la respecter; ils promettent, en outre, de nouer des relations diplomatiques régulières entre les deux États.

ART. II. — Les Hautes Parties contractantes promettent de ne pas faire d'accord politique ou militaire avec un autre État qui pourrait nuire à l'une des parties contractantes.

ART. III. — Les légations et consulats des Hautes Parties contractantes jouiront mutuellement et sur un pied d'égalité des privilèges diplomatiques fondés sur les usages et les lois internationales.

NOTE I.

a) Ils auront le droit d'arborer le drapeau de l'État;

b) Les membres des légations et consulats jouiront de l'immunité individuelle;

c) La correspondance diplomatique sera inviolable, les personnes accomplissant les fonctions de courriers ou autres se devront une assistance mutuelle;

d) Garantie des communications par radio, téléphone, télégraphe, d'accord avec les privilèges dont jouissent les représentants diplomatiques;

e) Exterritorialité des bâtiments occupés par les légations et consulats, mais sans qu'il soit donné le droit d'accorder asile aux personnes que le gouvernement officiel local reconnaîtra comme ayant manqué aux lois du pays.

NOTE II.

Des agents militaires des deux parties contractantes seront attachés à leurs légations respectives sur un pied d'égalité.

ART. IV. — Les Hautes Parties contractantes ouvrent d'un commun accord des Consulats : 5 par la République soviétique russe en Afghanistan et 7 par le gouvernement afghan sur le territoire russe, sans compter les cinq (?) sur la frontière de la Russie en Asie Centrale.

Note. — Dans le cas où il s'agirait d'ouvrir d'autres Consulats en Russie ou en Afghanistan, un accord spécial serait fait entre les deux pays pour chaque cas individuellement.

Art. V. — Des Consulats russes seront ouverts à Hérat, Meimeneh, Mazar-i-Cherif, Kandahar et Gazna. Des consulats afghans seront ouverts à Tachkent (Consulat général), à Pétrograd, Kazan, Samarcande, Merv et Krasnovodsk.

L'ouverture de ces Consulats, tant en Russie qu'en Afghanistan, sera fixée par les parties contractantes en temps et lieu..

Art. VI. — La Russie accepte de laisser passer librement sur son territoire les marchandises de provenance d'Afghanistan, soit pour ses propres besoins, soit en transit pour l'étranger.

Art. VII. — Les Hautes Parties contractantes sont d'accord sur la libération des peuples d'Orient, le principe de leur indépendance doit être basé sur le désir général de chaque nation.

Art. VIII. — En confirmation avec l'article VII du présent traité, les Hautes Parties contractantes acceptent l'indépendance et la liberté de la Boukharie et de Khiva, quelle que puisse être la forme de leur gouvernement, d'accord avec le désir de leur peuple.

Art. IX. — Dans l'accomplissement de cet accord, et selon la promesse faite par la République socialiste fédérative des Soviets et en son nom par Lénine, son chef, au Ministre plénipotentiaire de l'État souverain d'Afghanistan, la Russie accepte de rendre à l'Afghanistan les districts-frontières qui lui appartenaient au siècle dernier, mais en observant le principe de justice et la libre volonté du peuple d'exprimer son désir.

La date d'exprimer le libre désir, de faire connaître l'opinion du peuple des districts en question sera fixée par un traité spécial entre les plénipotentiaires des deux côtés.

Art. X. — Du moment où s'établiront des relations suivies entre les Hautes Parties contractantes, le Gouvernement des Soviets consent de donner à l'Afghanistan un appui financier et toute autre aide.

Art. XI. — Le présent traité a été publié en langues russe et persane et les deux textes sont reconnus authentiques.

Art. XII. — Le présent traité entrera en vigueur après sa ratification par les gouvernements des Hautes Parties contractantes. L'échange des ratifications aura lieu à Kaboul ; les plénipotentiaires des deux côtés signeront le présent traité et y mettront leurs sceaux.

Fait à Moscou, le 28 février 1921.

ARTICLE COMPLÉMENTAIRE. — 1° Un subside annuel d'un million de roubles en or, argent ou cuivre, sera fourni comme aide à l'Afghanistan;

2° Construction d'une ligne télégraphique Kouchk-Hérat, Kandahar-Kaboul.

3° Le gouvernement russe met à la disposition du gouvernement afghan le personnel technique et autres spécialistes dont il pourrait avoir besoin.

Cette aide du gouvernement russe au gouvernement afghan commencera deux mois après que le présent traité entrera en vigueur.

Ce complément a une validité aussi légale que les précédents articles du traité.

La ratification du traité.

Les *Izvestia* de Moscou (22 mars) publient en ces termes la ratification de l'accord entre la Russie et l'Afghanistan conclu à Moscou le 28 février 1921 :

Ayant pris connaissance dè l'accord conclu à Moscou le 28 février 1921 entre la Russie et l'Afghanistan, et après avoir entendu le rapport du Commissaire des Affaires étrangères sur cet accord, le Comité exécutif central de Russie a décidé de ratifier ledit accord.

Le Président,   Signé : KALININE.
Le Secrétaire,   Signé : ZALOUTSKI.

20 mars 1921,

Moscou-Kremlin.

Parlant de ce traité, le *Glasgow Herald* (2 avril) jette un cri d'alarme et il conclut à un échec des pourparlers engagés à Kaboul par la mission Dobbs.

Bien que la Grande-Bretagne ne soit pas désignée dans les clauses du traité, il apparaît nettement que les deux parties contractantes la regardent comme une tierce puissance qu'il s'agit de tenir en respect. L'établissement de consulats russes à Hérat, Kandahar et Gazna porterait une atteinte considérable à l'influence et au prestige britanniques et l'acceptation par le gouvernement afghan des subsides de Moscou créerait un sérieux danger pour la sécurité de l'Inde... Avec de telles perspectives, le Gouvernement des Soviets ne peut faire moins que de reconnaître la souveraineté de l'Afghanistan et d'admettre les prétentions de l'émir sur une portion du Turkestan.

Le même journal ajoute, le 7 avril, que la conclusion du traité russo-persan et russo-afghan pourrait bien être le signal d'une activité nouvelle de la propagande bolcheviste en Orient.

Ces craintes sont, du reste, partagées par lord Rawlinson qui ne les cacha pas dans son discours du 8 mars qu'il prononça à Delhi.

Peu après, Mohammed Vali-Khan signait un autre traité, non moins important, avec le représentant du gouvernement turc d'Angora à Moscou. Ce traité, dont la participation des Soviets ne fait pas de doute, a été publié dans les journaux d'Angora. Le *Bureau d'informations turc* de Paris en donne l'analyse suivante :

Le traité turco-afghan.

Entre les représentants de la Grande Assemblée nationale de Turquie à Moscou et Mohammed Vali-Khan, représentant plénipotentiaire et ambassadeur extraordinaire du gouvernement afghan, a été conclu et signé le 1er mars à Moscou, un traité d'alliance composé de dix articles.

Le préambule du traité stipule les liens qui unissent les deux gouvernements musulmans et frères, les tâches historiques qui leur incombent pendant ces jours de réveil et, par conséquent, qu'ils ont décidé de porter sur un terrain politique et changer en une alliance matérielle et officielle l'unité morale et l'union naturelle existant depuis longtemps entre eux.

L'article 1er a trait à la position réciproque de la Turquie et de l'Afghanistan.

L'article 2 annonce que les peuples d'Orient possèdent leur liberté pleine et entière et le droit de l'indépendance, et liberté d'accepter et d'appliquer le principe pour chaque nation de disposer d'elle-même et de reconnaissance de l'indépendance des États de Boukhara et de Khiva.

L'article 3 indique que l'Afghanistan reconnaît, comme chef suprême

LE POSTE-FRONTIÈRE AFGHAN DE KÉLIF, SUR L'AMOU-DARIA.
Vu prise du palais du bek de Kélif boukhare.

Cliché Castagné.

religieux, la Turquie qui a rendu depuis des siècles de signalés services à l'islamisme.

L'article 4 indique que chacune des deux parties contractantes accepte de considérer l'attaque qui pourra être dirigée envers l'une par n'importe quelle puissance impérialiste poursuivant en Orient une politique d'exploitation, comme si elle a été dirigée contre elle-même et de la rejeter par les moyens existants et possibles.

L'article 5 dit que chacune des parties contractantes ne pourra conclure un traité ou une convention quelconques, conformes au désir d'un troisième État en conflit avec l'une des deux parties ou bien nuisibles aux intérêts de celle-ci qu'elles sont tenues de s'entre-viser en cas de la conclusion d'un traité quelconque avec n'importe quel gouvernement.

L'article 6 dit que des conventions commerciales et consulaires seront conclues entre les deux États.

L'article 7 parle du rétablissement des correspondances régulières et des relations cordiales.

Les articles 8, 9 parlent du concours à apporter par la Turquie à l'Afghanistan et de la nécessité de la ratification du traité.

L'article 10 dit que le traité a été fait à Moscou en deux exemplaires.

La fête de l'indépendance de l'Afghanistan.

Avant de partir pour l'Europe, l'ambassadeur Mohammed Vali-Khan voulut fêter l'anniversaire de l'indépendance de l'Afghanistan. Un banquet, auquel était convié le corps diplomatique tout entier, fut organisé à Moscou par les soins de l'ambassadeur afghan. Les *Izvestia* de Moscou, du 8 mars 1921, publient un compte rendu de ces fêtes qui paraissent avoir été très réussies. Voici, du reste, toujours d'après les *Izvestia*, les noms des personnes qui y prirent part :

L'ambassadeur extraordinaire d'Afghanistan, MOHAMMED VALI-KHAN ;

Le Consul général, colonel MIRZA MOHAMMED-KHAN ;

Le Conseiller GOULAM SEDYK-KHAN et quelques autres membres de l'ambassade afghane ;

TCHITCHERINE, commissaire du peuple aux Affaires étrangères de Russie;

Le camarade KARAKHAN, aide du Ministre;

FOUAD-PACHA, ambassadeur de la Grande assemblée nationale de Turquie;

IOUSSOUF KEMAL, président de la délégation turque à la conférence russo-turque;

RIZA-NOUR, membre de la délégation turque;

MOCHAVEROL-MAMALEK, ambassadeur extraordinaire de Perse;

HILGER, plénipotentiaire du gouvernement allemand;

ENVER-PACHA, KHALIF-PACHA, MIRZA AMINÉ, MOUHETDINOV, représentant et chargé de pouvoirs de la République soviétique de Boukhara;

VESTMANN, représentant et chargé de pouvoirs de Lettonie;

VARESS, représentant de l'Esthonie;

ABDULLAH BAIEV, conseiller du représentant de la République du Kharezm (Khiva);

VALIANNE, secrétaire de la mission diplomatique finlandaise;

MOHAMMED ALI-KHAN, conseiller d'ambassade de Perse et VETHMANN, premier secrétaire de la mission esthonienne.

Dans son discours d'ouverture, l'ambassadeur extraordinaire d'Afghanistan, Mohammed Vali-Khan s'exprima en ces termes :

Au jour anniveraaire de la 3ᵉ année de l'avènement au trône de Sa Majesté l'émir d'Afghanistan et de l'indépendance du Haut État d'Afghanistan, je suis heureux de voir ici dans la capitale du Grand État russe les représentants de tous les pays qui nous ont fait l'honneur de se rendre à notre grande fête.

Jusqu'à ce que nous n'ayons obtenu notre indépendance, l'Afghanistan ne pouvait avoir de relations avec les autres pays; mais, maintenant, il a acquis cette possibilité. Espérons que les relations diplomatiques futures serviront à rendre plus étroits les liens amicaux entre la

République russe et les autres pays de l'Europe occidentale et avec le Haut État d'Afghanistan.

Le camarade Tchitcherine répond en ces termes :

Au nom du Conseil des Commissaires du peuple, j'ai l'honneur de féliciter M. l'ambassadeur d'Afghanistan, à l'occasion du 3e anniversaire de l'indépendance du Haut État d'Afghanistan et de l'avènement au trône de l'émir d'Afghanistan. Ces deux dates n'en font qu'une, à vrai dire, puisqu'à son arrivée au trône, l'émir, en proclamant l'indépendance de l'Afghanistan, a entrepris la lutte contre l'Angleterre. A partir de la première moitié du dernier siècle commence la lutte héroïque de ce peuple, avide d'indépendance. L'Angleterre espérait, grâce à la possession de moyens techniques très perfectionnés, de soumettre aussi l'Afghanistan au joug du capital et de l'impérialisme, mais le coup formidable que lui porta le peuple afghan soulevé ne s'oubliera jamais. Avec l'avènement de l'émir actuel, une ère nouvelle vient de s'ouvrir dans l'histoire du peuple afghan, dans l'histoire de ce pays indépendant.

La République russe, qui depuis plus de trois ans lutte pour son indépendance, prend aussi à cœur les intérêts des peuples en voie de se libérer du joug des impérialistes. Je suis assuré que les relations futures serviront à fortifier les liens qui unissent les peuples russe et afghan.

Dans le même temps la mission extraordinaire afghane du général Abdul-Hadi-Khan, récemment arrivée à Boukhara, fêtait dans cette ville 'indépendance de l'Afghanistan. Un communiqué de l'agence télégraphique russe de Boukhara, publié dans la *Pravda* de Moscou (17 mars) indique la façon dont fut célébrée cette fête :

« La Mission a célébré avec beaucoup de solennité, dans la Boukharie soviétique, le troisième anniversaire de l'indépendance de l'Afghanistan. Au banquet qui fut donné par la Mission assistait le représentant de la Russie des Soviets et les membres du gouvernement boukhare. De nombreux discours furent prononcés. »

Départ de la mission pour l'étranger.

Aussitôt après avoir célébré les fêtes de l'indépendance, la mission extraordinaire afghane qui avait obtenu ses passeports, quittait Moscou pour l'étranger (1er mars 1921).

La mission était ainsi composée :

1º Le général Mohammed Vali-Khan, ambassadeur extraordinaire et ministre plénipotentiaire d'Afghanistan ;

2º Fayzi Mohammed-Khan, conseiller d'ambassade, originaire de Lahore (Indes) ;

3º Goulam Sedyk-Khan, Conseiller d'ambassade, originaire de Kaboul ;

4º Le colonel Habiboullah, attaché militaire de l'ambassade, originaire de Kaboul ;

5º Le prince de Khokand, Islam-Bek, Khoudoïar-Khan, attaché à la mission, Uzbek, originaire de Tachkent. Il est le fils d'Amin-Bek Khoudoïar-Khan et petit-fils du dernier khan de Khokand, détrôné par les Russes en 1875 ;

6º Mohammed Edib (Effendi), agent diplomatique, parent de l'émir d'Afghanistan.

La mission afghane du général Vali-Khan en Lettonie.

En quittant la Russie, la mission extraordinaire du général Vali-Khan s'était dirigée sur Riga. Une correspondance, datée du 13 mars et adressée à un grand journal de Londres, faisait savoir qu'une mission afghane était depuis une semaine à Riga. Cette mission, disait l'information, était très désireuse d'entrer en relations avec les pays d'Europe. Sous peu elle devait se rendre à Berlin.

Durant son séjour à Riga, la mission fut reçue par le Président de la République lettone et par le ministre des Affaires étrangères dudit État.

Le Gouvernement letton leur fit visiter la ville et les environs. La mission assista même à une représentation au grand théâtre de Riga.

La mission afghane en Pologne.

Après avoir passé une quinzaine de jours à Riga, la mission afghane se rendit en Pologne, à Varsovie. Reçue officiellement par un représentant du ministère des Affaires étrangères, la mission fut conduite dans des appartements qui lui avaient été réservés. Quelques jours plus tard elle était reçue par le chef de l'État, le maréchal Pilsudski et par le prince Sapieha, ministre des Affaires étrangères. Durant son séjour en Pologne (20 mars au 5 avril), la mission put visiter Varsovie et les environs, le théâtre et quelques fabriques et manufactures.

La mission afghane en Allemagne et en Autriche.

La mission afghane, qui était attendue à Berlin vers les premiers jours d'avril, fit dans cette ville un assez long séjour (6 avril-1er mai). Deux représentants du ministère des Affaires étrangères et deux attachés militaires furent mis à leur disposition. Ils furent très cordialement reçus par M. Ebert, Président de la République, et par M. Simons, ministre des Affaires étrangères. Après avoir vu Berlin, la mission fut conduite dans quelques grands centres allemands : Hambourg, Brême, Stettin, etc., où ils visitèrent différentes fabriques et des usines.

Avant de quitter l'Allemagne, la mission laissa un agent commercial à Berlin.

La mission afghane, qui avait pressenti le Gouvernement français du désir de visiter la France, se dirigeait d'abord vers l'Italie par Munich.

Elle passa une journée dans cette ville sous la conduite

d'un fonctionnaire allemand de Berlin qui accompagna la mission jusqu'à la frontière autrichienne.

La mission traversa l'Autriche par le Tyrol. La grève des chemins de fer la surprit à Innsbruck et elle dut faire sa route en auto jusqu'à Belzana (Botzen), frontière italienne, dans le plus strict incognito.

La mission afghane en Italie.

Entrée en Italie en auto, la mission put continuer sa route en chemin de fer jusqu'à Rome où elle arrivait le 8 mai. Son arrivée n'ayant pas été annoncée, la mission attendit quelques jours avant de faire ses premières démarches. Enfin, le Gouvernement italien ayant été informé, on prit contact de part et d'autre et la réception officielle de la mission afghane fut décidée. Elle fut reçue, en effet, par le roi d'Italie et par le comte Sforza (1).

Après un séjour d'environ un mois en Italie, la mission quitta Rome pour la Spezzia, Gênes, Turin. Elle se rendit ensuite en France où elle séjourna quelque temps avant de partir pour les États-Unis.

La mission afghane en France.

Placé sur la grande route mondiale, Paris allait devenir un centre d'activité de la mission afghane. Son premier séjour, avant le départ pour les États-Unis, dura du 8 juin au 2 juillet; son deuxième séjour au retour d'Amérique et de Londres, du 17 septembre au 16 décembre.

Durant son premier séjour en France, le chef de la mission, l'ambassadeur extraordinaire, général Vali-Khan, fut reçu par le Président de la République et par le ministre des Affaires étrangères auxquels il remit des lettres respec-

---

1. Un accord aurait été conclu avec le Gouvernement italien pour un échange de missions.

tives de S. M. l'émir d'Afghanistan et du ministre des Affaires étrangères d'Afghanistan.

Répondant au désir de la mission, des excursions furent organisées dans Paris pour la visite de ses monuments et de ses institutions. Peu après, des excursions s'organisèrent en dehors de Paris et dans certaines villes de France.

La mission afghane en Amérique.

Le 2 juillet, la mission afghane quittait Paris pour le Havre où elle allait s'embarquer sur le paquebot *la Savoie* pour les États-Unis.

La mission ne fit pas un bien long séjour en Amérique. Elle passa une huitaine de jours à Washington et 3 ou 4 jours à New-York. La mission fut reçue par le Président de la République, M. Harding, et par M. Hughes, secrétaire d'État.

La mission afghane en Angleterre.

Aux premiers jours du mois d'août, la mission afghane débarquait en Angleterre et allait s'installer à Londres. A son arrivée, le 8 août dernier, la mission fit connaître au Gouvernement anglais qu'elle était chargée de remettre une lettre de l'émir au roi d'Angleterre et une autre lettre du ministre des Affaires étrangères d'Afghanistan à lord Curzon. Mais lord Curzon aurait répondu que la direction des relations politiques avec l'Afghanistan appartenait au secrétaire d'État pour l'Inde et que, d'autre part, la réception de la mission était subordonnée à la conclusion du traité en voie de négociation à Kaboul.

L'ambassadeur afghan ayant refusé d'entrer en relations avec le service de l'Inde, la mission quitta Londres pour regagner Paris.

La mission afghane en Belgique.

Le 1er novembre, le général Vali-Khan, accompagné des principaux membres de la mission, quittait Paris et se rendait à Bruxelles pour faire une visite à S. M. le roi des Belges.

La mission reçut du roi Albert de Belgique le plus cordial accueil. Elle fut également reçue par le ministre des Affaires étrangères dont la mission conserve le meilleur souvenir.

Le 5 novembre, la mission rentrait à Paris.

Le départ de la mission afghane à l'étranger.

Après quelques mois de séjour en France, l'ambassadeur extraordinaire, général Vali-Khan, chef de la mission, résolut d'entreprendre un long voyage dans les différents pays d'Europe et de retourner ensuite à Kaboul.

Le 16, le général Vali-Khan, suivi de quelques membres de la mission, quittait Paris pour se rendre à Berlin et, de là, dans les pays du Nord de l'Europe.

Avant de partir, l'ambassadeur avait tenu d'aller faire ses adieux au groupe de jeunes élèves afghans du lycée Michelet à Vanves et leur témoigner tout l'intérêt que le gouvernement afghan attachait au développement intellectuel du pays.

Le traité anglo-afghan du 22 novembre 1921.

Le 22 novembre 1921, sir Henry Dobbs, aidé de Denys Brays, signait l'accord auquel lord Reading attachait tant de prix et que retardait l'insistance des délégués afghans à ne pas retirer par écrit la promesse faite à Moscou d'installer trois consuls russes à Djelalabad, Kandahar et Gazna.

LE GROUPE DES ÉTUDIANTS AFGHANS DU LYCÉE MICHELET AU DÉPART DE KABOUL

1. L'Emir. 2. Le ministre de l'Instruction publique. 3. Le serdar inspecteur général des élèves. 4. Le surveillant.

5. Le prince héritier Hidayatoullah Khan.

Les deux premières de ces villes deviennent les sièges de consulats britanniques. Les tribus frontières, entre l'Inde et l'Afghanistan, demeurent indépendantes, à charge pour les deux parties contractantes de se prévenir d'avance au cas où ces tribus devraient être l'objet de répressions militaires.

Article premier. — Respect réciproque de l'indépendance intérieure et extérieure des deux États contractants.

Art. 2. — Confirmation de la frontière établie par l'article 5 du traité de Rawalpindi (8 août 1919) et repérée par une commission britannique (août-septembre) à l'ouest du Khyber. Torkom et l'entier bassin de la rivière de Kaboul, entre Shilman Khwala. Banda et Palosat sont inclus dans l'Afghanistan avec adduction d'eau venant de Landi Khana pour les gens de Torkham.

Art. 3. — Légation afghane à Londres, ministre anglais à Kaboul avec attachés militaires.

Art. 4-5. — Consulats britanniques à Kandahar, Djelalabad; consulat général afghan dans la capitale de l'Inde et consulats afghans à Calcutta, Karachi, Bombay.

Art. 6. — Liberté d'importation des produits industriels en Afghanistan et d'exportation des marchandises afghanes dans l'Inde. De même pour les armes, à condition que l'Afghanistan adhère à la convention internationale contre la contrebande des armes.

Art. 7. — Pas de droits de douanes sur les importations de l'État afghan. Exportations afghanes provisoirement libres de droits (cela ne vise pas les octrois locaux).

Art. 8. — Agences commerciales afghanes à Peshawar, Quetta et Parachinar, sans privilèges consulaires.

Art. 9. — Pas de droits sur le transbordement des colis transbordés aux gares terminus de Jamrad et Chamsa.

Art. 10. — Indépendance postale.

Art. 11. — Les deux parties contractantes se préviendront réciproquement en cas d'opérations militaires contre les tribus frontières.

ART. 12. — Il y aura une convention commerciale (art. 8).

ART. 13. — Les annexes I et II valent comme parties du texte du traité.

ART. 14. — Le traité entrera immédiatement en vigueur le jour de la signature pour trois ans. Au delà, il restera en vigueur pour un an, à dater du jour où il sera dénoncé.

ANNEXE I. — Carte de la frontière (art. 2).

ANNEXE II. — Dispositions relatives aux consuls, à l'expiration de leurs charges, dans leurs postes respectifs (art. 5).

La première ambassade afghane en Perse.

Dans le temps même où le gouvernement afghan envoyait la mission du général Vali-Khan en Europe, une autre mission, celle-ci placée sous la direction du serdar Abd-El-Aziz-Khan, se rendait en Perse. Le 25 avril 1920, la mission qui portait le titre d'ambassade extraordinaire arrivait à Téhéran. Depuis la frontière afghano-persane, l'ambassade, composée exclusivement d'Afghans chiites, voyageait par petites journées, sans se presser, recevant des autorités et de la population persane un accueil des plus chaleureux. Pour la première fois, disaient les journaux persans, nous voyons venir à nous des frères d'un pays jouissant d'une complète indépendance. Et nous pouvons échanger nos idées dans une langue commune aux deux peuples : le persan. Et, après avoir souligné l'importance de cet événement, la presse persane parle de l'influence de la culture persane sur l'Afghanistan et de la nécessité pour les deux pays de conclure une alliance.

Ce point de vue est partagé par le journal afghan *Ittihad-é-Machreqi*, qui parle d'une alliance puissante allant des montagnes du Pamir au Kurdistan.

Cette alliance aujourd'hui faite a été l'objet d'un accord signé entre la Perse et l'Afghanistan en octobre dernier.

La personnalité de l'émir d'Afghanistan.

A l'occasion de l'arrivée à Téhéran de la première ambassade afghane, les journaux persans donnent un aperçu de la personnalité de l'émir d'Afghanistan. Sa Majesté y est dépeinte comme un homme énergique, très patriote, assoiffé de liberté pour son peuple. L'émir Amanoullah, deuxième fils de l'émir défunt Habiboullah, est âgé de 3o ans. Il est doué d'une grande force d'âme; il est courageux en même temps que clairvoyant. Il fait en ce moment tous ses efforts pour grouper les Musulmans.

Je demande à Dieu, a-t-il dit, de m'aider à bien servir mon peuple et l'Islam. Si l'Angleterre dédaigne notre amitié, nous sommes prêts à affronter tous les dangers. Amanoullah est toujours prêt à donner sa vie pour l'Islam.

D'autre part, l'émir, toujours large dans ses idées, a voulu donner la liberté de conscience à son peuple.

Je veux extirper les préjugés religieux, cause de la faiblesse du monde musulman. Quiconque osera parler de chiites ou de sunnites sera sévèrement puni.

Ayant appris qu'une entente venait de se faire aux Indes entre Musulmans et Hindous, l'émir a aussitôt interdit la mise à mort des vaches afin, dit-il, de ne pas blesser les sentiments religieux des Hindous habitant l'Afghanistan, qui considèrent cet animal comme sacré.

Désireux de développer l'instruction dans son pays, Amanoullah-Khan a organisé une école à Kaboul qui porte le nom de Medjlis-e-Mearif. Secondé par un homme très cultivé, Mohammed Souleïman Khan, qui occupe le poste de ministre de l'Instruction publique, l'émir a décidé d'ouvrir son pays à la civilisation occidentale et de le tirer du long isolement dans lequel il était plongé. A cet effet, il a

non seulement pris l'initiative d'envoyer en Europe, et plus
particullèrement en France, les fils des meilleures familles,
donnant lui-même l'exemple du sacrifice en se séparant de
son fils, le jeune prince Hidayatoullah âgé de 10 ans. Nouveau Pierre-le-Grand, il a tenu à ce que ces fils de familles
princières vinssent apprendre dans nos écoles la médecine,
le droit, les sciences de l'ingénieur, etc. Il veut encore
mettre en contact son peuple avec les étrangers, ouvriers,
savants, spécialistes. Il se propose aussi de transformer la
vie, les mœurs, l'aspect des villes et du pays. Un plan de
réorganisation des finances, de l'enseignement est à l'étude.
Des travaux de canalisation, de construction de routes, de
chemins de fer, de lignes télégraphiques, d'usines, d'édifices publics et privés sont déjà prévus. Rien ne sera né-
gligé pour assurer à l'Afghanistan les bienfaits de la civilisation occidentale.

La presse afghane

La presse afghane est représentée actuellement par quelques quotidiens qui paraissent à Kaboul et dans les princi-
pales villes d'Afghanistan. Les principaux sont :

1° Le journal *Afghan* paraissant à Kaboul ;

2° La revue bi-mensuelle illustrée *Aman-é-Afghan* paraissant à Kaboul. Cette revue a remplacé le *Seradj-ol-
Akhbar afghaniyè*, revue illustrée fondée en 1911 (1);

3° Le journal hebdomadaire *Ittihad-é-Machreq* (L'Union
orientale) paraissant à Djellalabad. Il a pour rédacteur
Yorhan-ed-Din ;

4° Le quotidien *Isteklal Afghanistan* « L'Afghanistan
Indépendant » paraissant à Kandahar;

5° Le *Ittefak-é Islam* « La Fraternité de l'Islam » paraissant à Hérat.

1. Voir, sur cet organe, la *R. M. M.*, t. XXX, 1915, p. 53-64.

Le groupe d'Afghans du Lycée Michelet a Vanves et les membres de l'ambassade extraordinaire de Paris
La croix indique le prince héritier, Hidayatoullah. A gauche le drapeau afghan.

Des subsides sont accordées à ces journaux. De plus, par ordre de l'émir, tous les fonctionnaires, civils et militaires, recevant plus de 5oo roupies par mois, sont tenus de s'abonner à deux journaux. L'argent de l'abonnement est retenu sur les appointements.

L'unité monétaire de l'Afghanistan est la roupie. On ne trouve que de la monnaie or, argent ou cuivre. La monnaie la plus courante est la pièce de 15 ou de 3o roupies or, de 5 roupies ou « sanat », de 2 1/2, 1, 1/2 roupie ou « kran » en argent. On trouve encore des monnaies divisionnaires équivalant à 1/3 de kran, « abbassi » ou « tanga » et une monnaie de 1/6 également en argent, « sannari ». Enfin on trouve la monnaie de cuivre.

Décembre 1921.

Joseph Castagné

ANNEXE I

ORGANISATION GÉNÉRALE DE L'AFGHANISTAN (1)

CHAPITRE PREMIER

I

GOUVERNEMENT

Le pouvoir exécutif appartient au Gouvernement, c'est-à-dire au Conseil des ministres, dont le président est désigné par l'Émir. Chaque ministre a une autorité exclusive sur son département ; il est responsable devant l'Émir, à qui il a recours quand les circonstances l'exigent.

Quand l'Émir assiste au Conseil des ministres, il en est le président de droit ; s'il est absent, le président désigné par lui est le chef du Gouvernement. Les ministres doivent lui rendre compte de leurs actes, verbalement ou par écrit.

Chaque année l'Émir convoque en assemblée, *derbâr*, les ministres, les chefs de services et les autres grands personnages de l'État. Tous rendent compte de la façon dont

(1) Nous donnons sous ce titre l'analyse détaillé du *Niẓâmnâmèyè-Techkîlât-é Asâsiyè Afghanistân* (Kaboul, Imprimerie du Gouvernement, 1300 de l'hégire [ère solaire, correspondant à 1921], in-16, 116 p. Cet ouvrage est rédigé en persan, langue officielle de l'Afghanistan ; on y remarque quelques expressions, que nous signalons quand elles se présentent, propres à l'Afghanistan ; mais l'idiome employé est, d'une manière générale, le même qu'en Perse.

ils ont rempli leur mission, et reçoivent des instructions. Le budget, préparé par les soins du ministre des Finances, y est arrêté.

Administration centrale.

On distingue : 1° les ministères ; 2° les directions autonomes. Les premiers sont au nombre de 10 : *a*) Guerre ; *b*) Affaires étrangères ; *c*) Intérieur ; *d*) Justice ; *e*) Finances ; *f*) Instruction publique ; *g*) Commerce ; *h*) Sûreté générale ; *i*) Agriculture ; *j*) Conseil d'État. Deux services sont pourvus de l'autonomie, ce sont : *a*) Postes, Télégraphes et Téléphones ; *b*) Hygiène.

Ministère de la Guerre.

Le ministre est le chef suprême de l'armée. Ses services sont répartis en 10 bureaux ou directions : *a*) État-major ; *b*) Affaires militaires ; *c*) Affaires générales ; *d*) Comptabilité générale ; *e*) Transports ; *f*) Service médical et vétérinaire ; *g*) Direction du personnel ; *h*) Justice ; *i*) Bureau de la correspondance générale ; *j*) Bureau des archives. A la Direction des Affaires générales sont rattachés l'armement, les munitions, les arsenaux, le campement et l'habillement. Rattaché à la Guerre, le service des Transports formera plus tard une direction autonome. Les nominations des chefs de services, des généraux, des officiers d'état-major et du commandant de l'École militaire sont faites directement par l'Émir ; sous réserve de son approbation, le ministre nomme tous les autres officiers, fixe leurs conditions d'avancement et les admissions à l'École militaire, prépare les règlements à appliquer dans l'armée et prend toutes décisions utiles.

Ministères des Affaires Étrangères.

Le ministre de ce département a dans son ressort tout ce qui touche à la politique extérieure : nomination des ambassadeurs, consuls généraux et consuls ; rapports avec les diplomates étrangers, relations officielles avec leurs Gouvernements, etc.

Il y a, dans ses services, 9 directions ou bureaux : *a*) Conseil ; *b*) Section persane et ottomane ; *c*) Section de la Russie et du Turkestan ; *d*) Section indienne et anglaise ; *e*) Chiffre ; *f*) Archives ; *g*) Ministère ; *h*) Bureau de la comptabilité ; *i*) Bureau des traductions. Chaque chef de service, indépendant des autres, correspond directement avec le personnel diplomatique et consulaire à l'étranger. Celui qui est chargé du Ministère règle toutes les questions relatives à l'administration centrale.

L'Émir nomme les agents diplomatiques et consulaires ; sur la proposition d'une Commission spéciale, comprenant un conseiller et 4 directeurs, le personnel administratif est choisi par le ministre, mais sous réserve de l'approbation de l'Émir.

Ministère de l'Intérieur.

Le ministère a dans ses attributions toute l'administration provinciale ; les gouverneurs et *sous-gouverneurs* le représentent. Il dispose des services suivants : *a*) Conseil ; *b*) Direction de la correspondance et du personnel ; *c*) Direction de l'état civil ; *d*) Bureau de la comptabilité ; *e*) Bureau des archives. Plusieurs autres services ont été rattachés au ministère de l'Intérieur, à savoir : *a*) Conseil des poids et mesures et Direction des machines ; *b*) Direction des revenus et Inspection des édifices de l'Émir ; *c*) Direction du ravitaillement et des transports.

Comme aux Affaires Étrangères, une Commission spéciale prépare les nominations des hauts fonctionnaires;
le ministre choisit. C'est lui qui préside la Commission
comprenant, avec un conseiller, les chefs des principaux
services du Ministère. En province, on suit la même règle
pour le recrutement du personnel ; des Commissions locales
font leurs propositions aux gouverneurs.

Des commissions d'inspection, composées chacune d'un
président, d'un premier et d'un second inspecteur, sont, de
temps à autre, envoyées par l'Émir en province, pour
examiner le fonctionnement des services publics. Elles
reçoivent, à leur départ, les instructions nécessaires.

Des règlements spéciaux sont applicables à l'état civil,
aux passeports, aux expropriations pour cause d'utilité
publique.

C'est enfin le ministère de l'Intérieur que, chaque
année, le ministre de la Guerre charge de répartir entre
les magasins et arsenaux les effets d'équipement et d'habillement et tout le matériel de guerre.

Ministère de la Justice.

Le ministre est chargé à la fois de la direction et de la
surveillance des services judiciaires. Il veille à ce que
les arrêts des cadis soient exécutés, à ce que tous les
fonctionnaires placés sous ses ordres s'acquittent exactement de leurs devoirs et n'aient pas une conduite répré-
hensible, à ce que des individus ne remplissant pas les
conditions requises n'entrent pas dans la magistrature.

Les tribunaux de tout ordre ne doivent tenir aucun
compte de la nationalité, de la position sociale ni des
croyances religieuses des prévenus.

Voici les services que comprend l'administration centrale : *a)* Conseil ; *b)* Direction des affaires juridiques ;

c) Direction des affaires pénales ; *d*) Direction de la correspondance ; *e*) Direction des redevances, des monnaies, de la comptabilité et des archives. Une commission spéciale, présidée par le ministre et comprenant, avec le grand-cadi et le conseiller, les directeurs du personnel et de la correspondance, fait, comme dans les autres départements ministériels, les propositions relatives au recrutement des agents, et examine les questions qui s'y rattachent. Seul le conseiller et les directeurs sont nommés directement par l'Émir. Des commissions locales proposent aux gouverneurs les candidats à la magistrature locale, et des commissions de trois membres, désignés par l'Émir, sont chargées de l'inspection.

Ministère des Finances.

L'administration centrale de ce département se compose des services ci-après : *a*) Conseil ; *b*) Direction de la comptabilité générale ; *c*) Direction des impôts ; *d*) Direction du personnel ; *e*) Direction des mandats ; *f*) Direction des versements ; *g*) Direction du contrôle ; *h*) Direction de la correspondance et Bureau des archives. Tout ce qui concerne les perceptions relève de la Direction des impôts ; un règlement spécial fixe les attributions des autres Directions.

Des commissions d'inspection examinent le fonctionnement des services financiers qui sont, dans chaque province, placés sous l'autorité du *mostoouft* d'abord, des *sèrrichtèdàr* ensuite. La comptabilité doit être tenue par *doit* et *avoir*, d'une manière détaillée et exacte, suivant les instructions officielles ; un Bureau de vérification tient la main à ce que ces instructions soient remplies.

Le recrutement des fonctionnaires se fait comme dans les autres Ministères, tant pour l'administration centrale que pour l'administration provinciale.

MONNAIES AFGHANES.

1. Monnaie de billon.
(date 1300 H).

2-3. Monnaies d'argent (Roupie: 1, 2 1/2)
(date 1300 H).

4. Monnaie d'or de l'Emir (date 1337 H).

TIMBRES AFGHANS.

Ministère de l'Instruction publique.

Le ministre, qui a pour mission de répandre, dans la mesure la plus large possible, l'instruction en Afghanistan, a sous son autorité toutes les écoles, la seule École militaire exceptée, et les services suivants, formant l'administration centrale : *a*) Direction de l'enseignement supérieur ; *b*) Direction des medresès ; *c*) Direction de l'enseignement secondaire ; *d*) Direction de l'enseignement primaire ; *e*) Direction de la rédaction ; *f*) Direction de la comptabilité ; *g*) Archives. Un conseiller est, de plus, attaché au ministère.

Voici maintenant la liste des établissements d'enseignement supérieur :

1º École (*Mekteb*) Melkiyè Châhâné, préparant aux carrières administratives.

2º École Normale Supérieure (*Dârol-Mo'allemîn 'Aliyé*).

3º École d'ingénieurs (*Mekteb-é Mohendesîn*).

4º École des cadis (*Mekteb-é Koudât*).

5º École des langues (*Mekteb-é Lisân*), préparant aux carrières diplomatique et consulaire.

Les élèves des medresès devront, à leur sortie de ces établissements, être à la fois des professeurs de théologie et des administrateurs de wakfs, de fondations pieuses : l'enseignement qu'ils reçoivent est organisé en conséquence, et la Direction des Medresès le contrôle.

La Direction de l'enseignement secondaire prépare les programmes destinés aux établissements dont elle a la charge, et tient la main à ce qu'ils soient observés.

Celle de l'enseignement primaire travaille à répandre les connaissances indispensables au moyen des écoles élémentaires, *ibtidâïyè*, et « de direction », *rochdiyè :* les dernières forment la transition entre les enseignements primaire et secondaire.

De la Direction de la comptabilité dépendent toutes les questions financières du département, y compris celles intéressant les wakfs.

Un Conseil de l'Instruction publique présidé par le ministre et comprenant, avec les directeurs des divers enseignements, des hommes connus pour leur savoir, donne son avis sur toutes les questions relatives à l'instruction. Il dresse la liste des livres et manuels classiques, propose les réformes qui lui paraissent utiles, désigne les élèves qui iront continuer leurs études à l'étranger, sous son contrôle, désigne, de même, les professeurs à faire venir de l'étranger, et les conditions de leur engagement, organise, dans tout l'Afghanistan, des conférences destinées à inspirer le goût de l'instruction et à rappeler les devoirs religieux, propose la traduction et la publication des ouvrages utiles.

Il existe en outre au Ministère un Service de Composition, *Dâr ot-Tasnîf*, formé de savants et de professeurs, afghans et étrangers, agréés par l'Emir, et qui ont pour mission de préparer, sous la direction du Conseil de l'Instruction publique, les publications jugées utiles.

Sous le titre de *Kânoûn-é Ma'âref* « Code de l'Instruction publique », un Recueil des règlements officiels sera publié.

Les règles relatives à la nomination des fonctionnaires étant les mêmes dans tous les Ministères, il est inutile d'entrer ici dans des détails au sujet du recrutement. Disons seulement que les directeurs des grandes écoles font partie, avec les chefs de services, de la Commission de présentation.

Ministère du Commerce.

Le premier devoir du ministre, dit le règlement, est de donner plus d'extension et toutes les facilités possibles au commerce extérieur de l'Afghanistan. Son administration

centrale se compose ainsi : *a*) Direction de la comptabilité ;
b) Direction de la taxe dite *χakât; c*) Direction de la correspondance ; *d*) Bureau des archives.

Les Commissions d'inspection fonctionnent comme pour
les autres Ministères; elles contrôlent, notamment, les
opérations de la douane, service rattaché exclusivement
au Ministère du Commerce.

Font partie de la Commission de présentation le conseiller du Ministère, les chefs de services et les directeurs des
douanes.

Ministère de la Sûreté générale.

Le ministre est le chef unique des forces de police, *χâbèté*,
et de gendarmerie, *koutouvâlî*, dont les attributions sont
fixées de la manière suivante :

Dans les villes, la police assure l'ordre, fait observer les
règlements municipaux, arrête les malfaiteurs, et ouvre
les enquêtes.

En dehors des villes, où elle n'intervient que pour prêter
main-forte à la police en cas de besoin, la gendarmerie
est chargée du service de celle-ci.

Le Ministère a deux Directions différentes pour ces deux
services. Celle de la police, en dehors des questions de
recrutement, d'instruction, d'avancement et de discipline,
s'occupe de tout ce qui concerne la sécurité publique, et
fait prendre à l'étranger toutes informations utiles. La
Direction de la gendarmerie a ses attributions limitées
aux questions touchant son personnel. Chef responsable
de tous ses agents, le ministre veille à ce qu'ils s'acquittent
exactement de leurs fonctions, observent les règlements
et fassent le nécessaire pour rechercher et arrrêter les malfaiteurs.

Un bataillon de gendarmerie est en garnison à Kaboul ;
chaque province a un contingent proportionné à son impor-

tance, et formant des détachements commandés par des officiers ou des sous-officiers; il en est de même pour la police; à Kaboul, où elle est placée sous les ordres d'un chef supérieur, existe une École spéciale de police et de gendarmerie.

Les chefs de services et les officiers supérieurs sont nommés par le ministre et confirmés ensuite dans leur grade par l'Emir; les autres gradés sont nommés par le ministre seul, qui règle l'avancement.

Une Direction des Affaires municipales est rattachée au Ministère. En province il existe, pour ce service spécial, des directeurs locaux.

Ministère de l'Agriculture.

A ce département sont rattachées, avec les affaires agricoles, les forêts et les mines. Il comprend les Directions suivantes: *a*) Agriculture et domaines de l'État; *b*) Forêts et mines ; *c*) Correspondance; *d*) Comptabilité; *e*) Personnel; *f*) Archives.

Le directeur de l'Agriculture a pour devoir essentiel de favoriser le *progrès* par *tous les moyens possibles*: étude et propagation des méthodes les plus rationnelles, fondation d'écoles agricoles, amélioration des progrès d'irrigation. Il surveille également la mise en valeur et l'exploitation des biens de l'État.

Comme dans les autres Ministères, les hauts fonctionnaires de l'administration centrale et les chefs de services provinciaux sont nommés directement par l'Emir; les autres, par le ministre, sur la proposition d'une Commission spéciale. Des Commissions d'inspection fonctionnent dans les conditions exposées plus haut.

Conseil d'État.

Le Conseil d'État donne son avis sur les questions d'intérêt général et d'organisation administrative. Il comprend trois sections : 1° des *réformes* ; 2° *administrative* ; 3° *judiciaire*. Chaque président de section est, en même temps, vice-président du Conseil, dont le président fait partie du Conseil des ministres.

On voit suffisamment, d'après leurs noms, la compétence des sections. Celle des réformes doit, non seulement étudier celles qui sont jugées nécessaires et en dresser le programme, mais encore surveiller leur mise à exécution, une fois qu'elles ont été adoptées. La section administrative s'occupe de tout ce qui concerne les services d'État, l'instruction publique et le commerce ; la section judiciaire, des tribunaux. Chaque section se compose d'un président et de neuf membres, avec un secrétaire en chef et plusieurs secrétaires. La section judiciaire a, de plus, deux membres suppléants.

On distingue, dans le Conseil, les membres de droit, *tabî'è,* et les membres élus, *montakhebè.* Ces derniers sont nommés à raison de un par province ou grand gouvernement ; le gouvernement de Kaboul en nomme également un, et un chapitre spécial sera consacré au mode d'élection.

Le Conseil, après discussion, se prononce à la majorité des voix sur les questions qui lui ont été soumises : ses décisions, promulguées par l'Émir, sont appliquées par les soins des ministres.

Un Tribunal de première instance (*Mèhkèmèyé-Ibti-dåïyè*) du Conseil d'État juge à Kaboul les fonctionnaires coupables. Il se compose de trois membres et du président de la section judiciaire, des deux suppléants et de deux secrétaires. Le président et les six autres membres de la section forment le Tribunal d'appel (*Mèhkémévé-Mord-fè'è*) devant lequel peuvent se pourvoir ceux qui ont été condamnés, soit par le Tribunal de première instance, soit par les Assemblées délibérantes, *Madjlès-é Mèchvèrèt*, qui en tiennent lieu en province, à la condition que la sentence n'ait pas été rendue à l'unanimité.

Direction autonome des Postes, Télégraphes et Téléphones.

Cette direction, qui doit non seulement assurer les services ci-dessus, mais leur donner de l'extension, notamment par la création de nouveaux réseaux téléphoniques, comprend un Service de la comptabilité, un Bureau du personnel, un Service technique et un Bureau des archives. Le directeur nomme lui-même les agents, sur la présentation d'une Commission qui se compose des chefs de services.

Direction autonome de l'Hygiène.

Toutes les questions médicales et sanitaires sont du ressort de cette Direction, qui engage au dehors des médecins spécialistes, désigne les jeunes gens qui iront étudier la médecine et la pharmacie à l'étranger, fonde des hôpitaux, hospices et dispensaires partout où il le juge utile, favorise l'ouverture de pharmacies. Elle devra encore créer une École de sages-femmes, un Service bactériologique, faire venir des sérums, organiser un Service chimique et radiologique. L'envoi de commissions sanitaires dans les villes et chez les nomades, l'emploi de moyens prophylaxiques et l'établissement de quarantaines permettront de prévenir les épidémies, ou de les enrayer. Enfin, un Conseil sanitaire, composé de médecins, va être adjoint au directeur.

II

ADMINISTRATION PROVINCIALE

Les divisions administratives sont, par ordre de grada-
tion et en commençant par les plus considérables : *a*) les
provinces, *vilâyât*; *b*) les gouvernements supérieurs,
hokoûmèthâyè-a'lâ; *c*) les gouvernements de kèlârs, *hokoû-
mèthâyè-kèlân*; *d*) les gouvernments ordinaires, *hokoûmèthâ*; *e*) les districts, *'alâkè*. L'administration des provinces
et des gouvernements supérieurs est en rapports directs
avec le ministère de l'Intérieur, ainsi que Kaboul. Ces
deux divisions ne diffèrent d'ailleurs que par les titres de
leurs administrateurs, dit « délégué du Gouvernement »
nâyebol-hokoûmè, dans les premières ; « gouverneur supérieur », *hâkem-è a'lâ*, dans les secondes.

Le Nâyebol-Hokoûmè.

Les grandes provinces, *vilâyèt*, sont administrées par
des *nâyebol-hokoûmè* « mandataires du Gouvernement »,
dépendant du ministère de l'Intérieur, mais correspondant
avec les autres Ministères quand les circonstances l'exigent.
En cas d'absence, les *mostooufis* « intendants » les remplacent.

Faire respecter la morale et la religion musulmane,

mettre à exécution les ordres du pouvoir central, surveiller les fonctionnaires, prendre contre ceux qui manqueraient à leurs devoirs les mesures qui s'imposent (le *nâyebol-hokoûmè* peut les révoquer et les faire passer en jugement), réprimer tous les abus qui peuvent se commettre dans l'administration, les signaler au Gouvernement, après enquête, quand les agents coupables dépendent d'un autre service que le ministère de l'Intérieur, nommer les fonctionnaires dont il est le chef direct et leur assigner des postes, conformément aux règlements en vigueur, telles sont les attributions du *nâyebol-hokoûmè*. Responsable de ses subordonnés, il surveille leur conduite. Il est également responsable du maintien de l'ordre, donne les instructions nécessaires aux chefs locaux et aux officiers de gendarmerie, et peut réquisitionner les troupes ; s'il se produit des désordres, il prend, sous sa responsabilité et sans attendre les ordres du Gouvernement, les mesures urgentes, fait arrêter les fauteurs de troubles, tient la main à ce que les condamnés subissent leurs peines.

Dans aucun cas, le *nâyebol-hokoûmè* n'a le droit d'infliger des châtiments corporels non prescrits par un jugement, et la torture est sévèrement interdite. Nul ne peut être puni sans avoir été condamné par un tribunal. De même, aucun fonctionnaire ou gendarme n'a le droit de pénétrer sans motif valable dans un domicile privé. Toute arrestation ou détention arbitraire est une faute grave, devant être réprimée avec la plus grande rigueur. Les simples prévenus doivent être traités avec égard ; ils vivent à leurs frais ; mais, si leurs ressources sont insuffisantes, l'administration leur fournit le nécessaire.

Si le *nâyebol-hokoûmè* doit faire exécuter les jugements ; en revanche il lui est rigoureusement défendu d'intervenir dans les débats judiciaires.

Agent financier, le *nâyebol-hokoûmè* fait rentrer les taxes et impôts, sans pouvoir exiger au delà des sommes dues.

Il établit le budget de la province, par *doit* et *avoir*, favorise par tous les moyens la diffusion de l'instruction, l'ouverture des écoles, le progrès de l'agriculture, de l'industrie et du commerce, fait observer les prescriptions sanitaires, dessécher les marais, entretenir les routes, fonde des fabriques, des hôpitaux, met en valeur les forêts et les mines, assure le bon fonctionnement de la poste, des télégraphes et des téléphones. Il surveille aussi l'instruction de la gendarmerie et des troupes, dont, comme on l'a vu, il peut disposer en cas de besoin.

Chaque *nâyebol-hokoûmè* a, pour l'assister, les agents ci-après : 1° *mostooufî*, ou intendant ; 2° directeur de la correspondance ; 3° id. de l'Instruction publique ; 4° id. de la douane ; 5° id. de l'état-civil ; 6° id. de l'agriculture ; 7° préposé aux transports ; 8° id. aux Affaires Étrangères ; 9° commandant de la gendarmerie ; 10° préposé à la poste. Chef du service des finances, le *mostooufî* est chargé, sous l'autorité du *nâyebol-hokoûmè* et dans les conditions dites plus haut, de la perception et de l'emploi des revenus du Trésor. Le directeur de la correspondance est un agent désigné par le ministère de l'Intérieur ; les autres chefs de services sont nommés par les Ministères compétents, avec mission de travailler à l'amélioration de la situation morale et matérielle de la province. Le directeur des Affaires Étrangères sert d'intermédiaire dans les questions à traiter avec les consuls ; le commandant de la gendarmerie répond du maintien de l'ordre et de l'exécution des jugements ; mais aucun de ces chefs de services ne correspond directement avec son Ministère : c'est le *nâyebol-hokoûmè* qui transmet ses rapports.

Assemblées délibérantes.

Dans chaque province il y a une Assemblée délibérante, *Madjles-é Mechverèt*, qui donne son avis sur les questions administratives et juge les fonctionnaires ayant manqué à leurs devoirs : les détails de la procédure seront donnés plus loin. Ses attributions administratives comprennent : *a*) entretien et exploitation des domaines publics ; *b*) examen de toutes questions relatives aux travaux publics et aux affaires économiques de la province ; *c*) avis motivés sur les mesures à prendre. Le gouverneur responsable agit d'après ces indications. L'Assemblée a un secrétaire ; le gouverneur en délègue deux autres, pour la rédaction des procès-verbaux officiels, qui sont transcrits sur un registre spécial, signé des membres présents. Un autre registre contient les arrêtés concernant l'administration de la province.

Gouvernements de kèlâns.

Les divisions administratives ont à leur tête des *kèlâns*, et sont subdivisées en gouvernements proprement dits, *hokoûmèthâ*. Le *kèlân*, qui dépend du *nâyebol-hokoûmè*, a, dans sa sphère, les mêmes attributions et les mêmes devoirs que lui, et correspond avec le pouvoir central par son intermédiaire, sauf à Kaboul. Il ne peut infliger lui-même d'autres peines que l'amende et la prison pour quinze jours au plus. Ses auxiliaires sont : *a*) le directeur des finances ; *b*) le premier secrétaire ; *c*) les préposés à l'agriculture ; *d*) à la douane ; *e*) aux postes. Il y a de plus un commandant de la gendarmerie et, s'il se trouve des consuls dans le ressort du *kèlân*, un préposé aux Affaires étrangères.

Le directeur des finances, le premier secrétaire, les préposés à l'agriculture et aux Affaires étrangères sont membres de droit de l'Assemblée délibérante du gouvernement du *kèlân* ; les autres membres sont élus par les habitants. Cette Assemblée a les mêmes attributions que celles des grands gouvernements, et le premier secrétaire est secrétaire de droit de ses séances.

D'une manière générale, les mêmes principes sont appliqués dans tous les gouvernements, quelle que soit leur importance, en matière d'administration.

Gouvernements ordinaires.

Ces subdivisions sont administrées par des gouverneurs, *hâkem*, qui, selon le rang du chef de leur province, sont répartis en trois classes, la première comprenant les gouverneurs placés sous l'autorité d'un *nâyebol-hokoûmè*. Kaboul fait exception : il n'a pas de gouverneurs de rang inférieur, et son administration est rattachée directement au Ministère.

Les *hâkem* de 1re et de 2e classe sont nommés par l'Emir ; ceux de 3e classe par le ministre de l'Intérieur, sous réserve de l'approbation de l'Emir. Ils ont les mêmes attributions que leurs supérieurs, répondent, comme eux, du maintien de l'ordre et disposent de forces de gendarmerie à cet effet ; ils répondent aussi des fonctionnaires, leurs subordonnés : si des abus sont signalés, ils font immédiatement procéder à une enquête, et prennent toutes les mesures nécessaires. Ils doivent attacher une importance particulière à la facilité des communications et à l'entretien des routes, travailler à répandre l'instruction, faire rechercher les malfaiteurs, veiller à ce que les registres de l'état-civil soient bien tenus, se renseigner sur tous les accidents qui surviennent : incendies de forêts, inondations, etc., faire rentrer les impôts et organiser le budget local, prendre, avec le concours des commissions sanitaires, les mesures que réclame l'hygiène, prendre soin des forêts, faire exécuter les jugements. L'Assemblée locale les aide dans cette tâche.

Le *hâkem* a sous ses ordres un officier de gendarmerie, un directeur des finances et un directeur de l'état-civil. Il

préside l'Assemblée locale, comprenant, avec les deux directeurs précités, membres de droit, des membres élus dans les
conditions ordinaires. Toutes les Assemblées provinciales
ont les mêmes pouvoirs et servent, au besoin, de tribunaux administratifs.

Les districts ('alâkè).

Cette subdivision administrative, comprenant un nombre variable de villes ou villages, est administrée par un
chef de district, *'alâkèdâr*, nommé par le *nâyebol-hokoûmè*
ou le gouverneur supérieur avec l'assentiment de l'Assemblée locale, et sous réserve de la ratification du ministre de
l'Intérieur, qui procède à une enquête, et peut le révoquer
s'il donne des sujets de plainte. Le chef de district doit
être âgé de 25 ans au moins, appartenir à une famille honorable, avoir une bonne moralité et une instruction suffi-
sante.

Assisté d'une Assemblée, le chef de district veille à l'observation des lois, ordonne les enquêtes, fait rechercher et
arrêter les malfaiteurs. Il veille à l'exécution des jugements et au payement de la *diyèt*, indemnité due en cas
de meurtre, à l'observation des prescriptions d'hygiène,
apportant son concours aux Commissions sanitaires, fait
réparer les édifices délabrés, entretient les mosquées en
bon état, se rendant compte par lui-même des travaux
nécessaires, s'assure que les écoles fonctionnent normale-
ment, organise les secours en cas de sinistre, prend soin
des forêts, surveille la rentrée des impôts. La seule péna-
lité qu'il puisse infliger, avec approbation de l'Assemblée
locale, est l'emprisonnement pour trois jours au plus; il
ne peut ordonner la contrainte par corps. Il dispose du
détachement de gendarmerie du district.

Villages et tribus.

Les villages et tribus ont des chefs dont un règlement spécial fixe les attributions.

Cour des Comptes (Dîvân-é Sendjech).

La Cour des Comptes dépend du ministère de l'Intérieur ; elle a pour mission de vérifier la comptabilité des Ministères et Directions autonomes qui sont tenus, dans un délai de deux ans, de livrer toutes leurs pièces comptables : le ministre qui, dans un délai de quatre ans, ne se serait pas conformé à cette mesure, serait mis en accusation. Après examen, elle approuve ou rejette les états qui lui sont fournis, et, s'il y a lieu, ordonne des poursuites contre les fonctionnaires coupables.

C'est l'Emir qui nomme le président et les six conseillers formant ce corps ; le président, à son tour, choisit le greffier sous réserve de l'approbation du ministre de l'Intérieur.

A partir de l'année solaire 1302, il y aura dans chaque province ou grand gouvernement une section rattachée à la Cour des Comptes, à laquelle les mostooufîs et serrichtédârs seront tenus de produire la totalité de leurs pièces comptables.

De l'état de siège (hokoûmet-é 'askeriyé).

L'état de siège est proclamé par décret dans toutes les régions où des désordres se produisent, et il subsiste jusqu'à ce que la tranquillité soit revenue. La proclamation du ministre de la Sûreté générale, accompagnant le décret de l'Emir décidant l'état de siège, doit faire connaître les limites exactes de la région où il sera en vigueur, les motifs qui le rendent nécessaire, sa durée, le nom du général recevant les pouvoirs, les interdictions qu'il comporte (port d'armes, attroupements, circulation de nuit, etc.). Le commandant militaire est pris sur place ou bien envoyé par l'Emir d'un autre endroit.

Les Conseils de guerre jugent toutes les infractions. Ils sont composés d'un président, inférieur en grade au commandant militaire, et de six juges ; il y a de plus un greffier et un officier chargé du ministère public. Personne ne leur est déféré sans avoir été l'objet d'une procédure régulière. La loi militaire est appliquée aux délinquants ; si elle n'a pas prévu le cas, le Conseil applique les règlements en vigueur ; le président reçoit, à ce sujet, des instructions précises. Les sentences des Conseils de guerre sont sans appel, et immédiatement applicables ; les condamnés sont remis aux gouverneurs, qui les font incarcérer. S'il s'agit d'une condamnation à mort ou à la détention perpétuelle, le Conseil peut adresser un recours en grâce à l'Emir, qui lui fait connaître sa décision par l'intermédiaire du ministre de la Guerre. Les condamnés à mort sont exécutés dans les formes prévues par le Code militaire. Le droit de grâce peut être accordé par l'Emir aux gouverneurs ou aux commandants militaires.

Les chefs militaires ont le droit de prendre, sans jugement, les mesures suivantes : Emprisonnement de 45 jours au plus, pour infractions à la proclamation de l'état de siège ; visites domiciliaires de jour et de nuit chez les individus suspects ; arrestation des mêmes individus et leur mise en jugement après une enquête sommaire ; expulsion des indésirables de la région où ils résident ; ouverture des lettres confiées à la poste ; suspension et suppression des journaux ; ils sont, d'ailleurs, libres de prendre toutes mesures jugées utiles pour rétablir l'ordre, d'employer à leur gré leurs contingents, et nul ne peut arguer de sa situation pour se soustraire à leur autorité.

L'état de siège prend fin, soit à la date fixée par la proclamation, soit par décret de l'Emir ; l'autorité civile reprend alors ses droits. Il est prolongé par décret, pour une semaine au minimum, si les circonstances l'exigent. Un décret spécial est nécessaire, si la proclamation ne fixait aucune date.

Pendant toute la durée de l'état de siège, l'autorité civile et les tribunaux conservent leurs attributions pour tout ce qui ne concerne pas la sécurité publique et le maintien de l'ordre.

Tribunaux administratifs et Conseils de guerre en général.

Les tribunaux administratifs, chargés de juger les fonctionnaires coupables, sont, avec le Conseil d'Etat, les Assemblées délibérantes des diverses circonscriptions administratives. Les poursuites ne sont engagées qu'après une enquête préalable, faite par des inspecteurs du Ministère ou de la Direction dont relève l'agent incriminé, ou d'autres personnes dûment qualifiées. Cette enquête doit être minutieuse, et l'identité des témoins toujours vérifiée ; si elle donne des résultats probants, le gouverneur local renverra l'accusé devant le tribunal compétent, dont la décision est sans appel, si les faits reprochés sont qualifiés de crimes. En outre, un rapport sera adressé à la Commission de présentation des fonctionnaires, qui avisera. L'administration centrale sera informée des faits, du jugement intervenu, dont une expédition lui sera fournie, et l'Emir lui-même devra être renseigné. On procédera de même, s'il est fait appel du jugement ; le ministre doit être au courant de tout.

L'intervention du Ministère se produit, en cas de condamnation à mort ou à la détention perpétuelle ; qu'il y ait appel ou non, la cause doit être examinée par le service judiciaire. Le ministre compétent sanctionne l'application de la peine. Les expéditions des jugements sont conservées dans les archives de l'administration centrale.

Les fonctionnaires nommés directement par l'Emir ne peuvent être jugés, quelle que soit la cause, que par le Conseil d'Etat : la section d'appel de ce corps revise, s'il y a lieu, le jugement. Dans toute cause semblable, un rapport est fourni par l'administration à laquelle appartient le prévenu, avant l'ouverture des débats.

L'autorité qui a engagé les poursuites peut faire opposition au jugement; en cas de révision, le dossier sera de nouveau examiné en entier. Un jugement ne peut être revisé deux fois; mais on peut faire appel à la clémence de l'Emir, qui seul a le droit d'atténuer les peines. Les autorités compétentes peuvent lui demander d'exercer ce droit en faveur de tel condamné.

Une prison spéciale est affectée aux fonctionnaires condamnés pour de simples délits; ceux qui l'ont été pour des crimes sont au régime de droit commun.

En cas de négligence dans leur service, ou d'absence irrégulière de leur poste, les fonctionnaires coupables sont réprimandés par leurs chefs, et subissent une retenue de traitement de trois jours la première fois, de quinze jours la seconde, d'un mois la troisième. La récidive entraînerait la destitution prononcée, selon l'espèce, par l'Emir ou par l'autorité supérieure : la destitution est également prononcée contre les fonctionnaires ayant commis des crimes; elle peut être demandée à l'Emir par les services compétents, et le Conseil d'État donne son avis. Les fonctionnaires destitués à la suite d'une condamnation ne peuvent obtenir, ni une pension, ni un nouvel emploi, à moins qu'un jugement, rendu moins de deux ans après leur condamnation, ne permette de les réintégrer dans les services publics. Tout fonctionnaire frappé est libre de réclamer; s'il se justifie, le chef de service qui lui aura infligé à tort une suspension de traitement payera une somme égale à titre d'amende. La révocation non méritée est annulée de plein droit.

Les conflits entre les administrations et les particuliers sont de la compétence des tribunaux administratifs ; mais les fonctionnaires relèvent des tribunaux ordinaires pour les crimes et délits commis en dehors du service.

Un fonctionnaire cité en justice, comme prévenu ou comme témoin, ne peut se présenter devant ses juges qu'avec un ordre de son chef hiérarchique, qui doit être mis au courant de la cause.

Conseils de guerre (*Mehkemèyé-'Askeri*).

Les officiers, sous-officiers et soldats de l'armée, de la gendarmerie et de la police sont passibles de ces tribunaux, appelés aussi *Dîvân-é Harb*. Toutefois, les conflits entre militaires et civils sont de la compétence des tribunaux ordinaires. C'est l'autorité militaire qui fait exécuter les jugements des Conseils de guerre.

Les séances de ces Conseils ne sont pas publiques, et les accusés n'y ont pas de défenseurs. Les arrêts, rendus conformément aux lois militaires, sont mis à exécution suivant le règlement général concernant les pénalités.

Haute Cour (*Dîvân-é 'Alî*).

Ce tribunal n'est constitué que dans le cas où un ministre est mis en accusation ; il est dissous une fois l'arrêt rendu. Un décret de l'Emir désigne ses membres : un président, deux vice-présidents, huit juges. Sa procédure fait l'objet d'un règlement spécial.

III

PRINCIPES GÉNÉRAUX DE L'ADMINISTRATION CIVILE
ET MILITAIRE

Recrutement, avancement, révocation et retraite des fonctionnaires civils.

Les candidats aux fonctions publiques doivent remplir les conditions suivantes : être instruits de la religion musulmane ; être de bonne vie et mœurs ; posséder l'aptitude nécessaire. Nul ne peut être nommé, s'il ne satisfait pas à ces exigences. Toutefois, les Hindous habitant l'Afghanistan, dont l'honorabilité et la capacité ne font pas de doutes, peuvent devenir fonctionnaires.

L'avancement dépend du mérite personnel, de la conduite et du zèle dont on a fait preuve ; mais, à mérite égal, la préférence est donnée aux fonctionnaires les plus anciens. La durée des services est un fait qui doit être pris en considération, mais non la naissance : dans les propositions d'avancement, il n'est tenu aucun compte des familles auxquelles appartiennent les fonctionnaires.

Aucun fonctionnaire ne peut être révoqué, à moins d'avoir été condamné pour crime ou délit. L'Emir seul peut révoquer ou déplacer les fonctionnaires qu'il nomme directement. Ceux qui, sans avoir encouru de condamnations, donnent des sujets de plainte à l'occasion de leur service, subissent des retenues de traitement. Par contre, ceux qui ont accompli dignement leur carrière administrative, ou contracté des infirmités dans l'exercice de leurs fonctions, ont droit à une retraite. Les veuves et les orphelins de fonctionnaires reçoivent des pensions qui font l'objet d'une réglementation spéciale.

Préparation, avancement et retraites des officiers.

On peut devenir officier, soit en passant par l'École militaire, *Mekteb-é Harbiyè*, ou par l'École des sous-officiers, *Mekteb-é Khord Zâbetân*, ou bien encore par un camp d'instruction, *ta'lîmgâh*, soit en subissant, après un certain temps de service, un examen d'aptitude. Ces conditions sont rigoureusement exigées.

L'avancement a lieu d'après le mérite, et, à mérite égal, à l'ancienneté. Il n'est tenu aucun compte de la naissance des officiers.

Un officier ne peut être privé de son grade qu'après avoir été condamné par un Conseil de guerre pour crime ou délit ; la sentence doit être ratifiée par l'Emir. Le licenciement du corps dont il fait partie ne peut l'obliger à quitter le service ; il continue de toucher sa solde entière. Celui qui est l'objet de poursuites touche, jusqu'au jugement, la demi-solde. S'il est condamné, il ne recevra, pendant toute la durée de sa peine, que la ration d'un soldat et une part minime de sa solde : celle-ci doit, en principe, cesser de lui être payée à partir du jour de sa condamnation.

Si un officier est obligé de quitter le service pour cause d'infirmités, il a droit à une pension. Toutes les pensions sont reversibles sur les ayants-droit (veuves et orphelins).

La préparation et l'avancement des officiers, ainsi que le fonctionnement de leur Caisse de retraites, font l'objet d'un règlement spécial.

CHAPITRE II

LE POUVOIR JUDICIAIRE

Principes généraux.

Le pouvoir judiciaire est départi à l'ensemble des tribunaux. Ceux-ci doivent agir en toute indépendance : aucun fonctionnaire, quel qu'il soit, n'a le droit d'intervenir dans les débats ou les jugements, sans être passible des peines les plus graves.

Les séances des tribunaux sont publiques. Les prévenus choisissent eux-mêmes leurs défenseurs.

En Afghanistan, les tribunaux de première instance, *Mehkemeyè-Ibtidâïyè*, sont de trois sortes : *a)* civils (*hokoûk*); *b)* correctionnels ou criminels (*djeχâ*); *c)* de commerce (*tedjâret*). Il existe, en outre, des tribunaux de paix (*islâhiyè*) de fondation récente.

Première section. — Tribunaux de paix.

Chaque chef-lieu de gouvernement, depuis Kaboul jusqu'au gouvernement de *kelân*, possède un tribunal de paix, dont le président, le vice-président et les juges, au nombre de neuf, sont choisis parmi les notables jouissant de la plus grande considération, et désignés par l'Emir, dans la capitale ; par le gouverneur, sous réserve de l'approbation du ministre de la Justice et de l'Emir, en province.

Toutes les affaires civiles et commerciales sont de la compétence des tribunaux de paix. Ils doivent faire tous leurs efforts pour concilier les parties, et leurs jugements sont sans appel. Le ministre de la Justice, les *nâyebol-hokoûmè* et gouverneurs supérieurs renvoient d'office devant les tribunaux de paix les plaideurs qui s'adressent à eux. Si les juges ne peuvent aboutir à un accord, ils renvoient les parties devant les tribunaux civils ou les tribunaux de commerce, selon le cas.

Deuxième section. — Tribunaux de première instance.

Il existe un tribunal de première instance à Kaboul et dans chaque chef-lieu de province ou de gouvernement. Chacun d'eux comprend trois chambres, *kism*, civile, correctionnelle ou criminelle, et commerciale. Les jugements sont sans appel quand l'objet du litige est une somme ne dépassant pas 200 roupies, dans les gouvernements ordinaires; 3oo, dans la capitale et les grands gouvernements. Les condamnés peuvent faire appel pour des sommes supérieures, en matière civile et commerciale; pour toutes les sentences, quelles qu'elles soient, en matière pénale.

En outre, certains agents ont le droit d'infliger des pénalités, quand il ne subsiste aucun doute sur la matérialité des faits. Les chefs de la gendarmerie et les *'alâkèdâr* (chefs de canton) peuvent prescrire l'emprisonnement, pour trois jours au plus; les gouverneurs de 2e et 3o classe et les officiers de gendarmerie, pour une semaine; les gouverneurs de 1re classe et les officiers supérieurs de gendarmerie, pour quinze jours; les gouverneurs supérieurs, les *nâyebol-hokoûmè* et le ministre de la Sûreté générale, pour un mois : ces derniers peuvent, de plus, infliger des amendes de 1 à 200 roupies.

Chaque tribunal de première instance a un cadi et deux muftis : le greffier remplace les muftis en cas d'absence.

Troisième section. — Cours d'appel.
(Mehkemèhâyé-Morâfe'è).

Ces Cours existent à Kaboul et dans chaque chef-lieu de province ou de gouvernement, les simples gouvernements exceptés. Elles comprennent un président et quatre juges. Toutes les causes : civiles, commerciales, correctionnelles ou criminelles, sont de leur compétence. Elles entendent à nouveau, soit le condamné seul, soit les deux parties : en matière civile et commerciale, il faut l'acceptation des deux parties pour qu'il n'y ait pas appel. A Kaboul, la Cour de cassation remplace la Cour d'appel.

L'appel est pour ainsi dire de règle quand il s'agit d'un crime ; il fait différer l'application de la peine qui, sans cela, deviendrait immédiatement exécutoire. Le condamné peut s'adresser à la Cour de cassation, si la peine qui lui est applicable est la mort ou la détention perpétuelle ; il a, comme suprême ressource, le recours en grâce transmis à l'Émir par le ministre de la Justice.

Quatrième section. — Cour de Cassation.
(Hiyet-é 'Aliyè Temyîxiyè).

La Cour de cassation est présidée par le ministre de la Justice, et le grand-cadi en est membre de droit. Elle s'adjoint les Chambres de la Cour d'appel de Kaboul, suivant leur compétence, pour juger les affaires civiles, commerciales, correctionnelles ou criminelles. Dans le cas où la cause à juger aurait déjà passé par la Cour de Kaboul, ce ne sera pas la Chambre qui s'est déjà prononcée qui fournira son concours : le ministre-président fera appel à la

Chambre commerciale, s'il s'agit d'affaires civiles, et *vice versa ;* la Chambre civile alterne dans les mêmes conditions avec la Chambre criminelle et correctionnelle. De la sorte, un magistrat ne peut siéger deux fois dans le même procès.

La procédure de la Cour est, comme celles des autres tribunaux, déterminée par un règlement spécial. Les sentences sont soumises à la ratification de l'Émir.

Toute la législation de l'Afghanistan, civile, commerciale, correctionnelle et criminelle, est basée sur la Charî'a, ou loi musulmane.

Cinquième section. — Recrutement et hiérarchie des cadis.

Le grand-cadi, *kâdî'l-koudât,* est nommé par l'Émir. Les cadis des Cours d'appel et des tribunaux de première instance, ainsi que les magistrats d'appel, sont également nommés par lui ; tout le reste du personnel judiciaire est nommé par le ministre, d'après les présentations de la Commission spéciale, pour Kaboul. En province, il existe des Commissions analogues, et les gouverneurs remplacent le ministre, sous réserve de son approbation.

Au point de vue hiérarchique, le grand-cadi a le rang de chef de direction autonome, avec la priorité sur tous ses collègues. Les cadis de Cours d'appel ont également le pas sur tous les fonctionnaires civils, et viennent immédiatement après les gouverneurs ; à Kaboul, ils sont assimilés aux directeurs de Ministères. Ceux des tribunaux de première instance ont le rang de chef de service de gouvernement provincial. Les juges de première instance sont assimilés aux premiers secrétaires des ministres, à Kaboul ; des gouverneurs, en province. Quel que soit leur grade, ces magistrats passent toujours avant les fonctionnaires du même rang.

Mode d'élection des membres des Assemblées délibérantes et du Conseil d'État.

Les autorités de chaque localité réunissent dans les mosquées les électeurs, c'est-à-dire les citoyens payant l'impôt, ayant une bonne moralité et capables de s'occuper des affaires publiques, pour désigner l'un d'entre eux comme *kelânter* (supérieur, chef). L'élection terminée, les *kelânter* du district se réunissent à leur tour pour nommer quatre délégués ; un troisième vote désignera celui d'entre eux qui siégera à l'Assemblée délibérative de la province, du gouvernement supérieur ou de *kèlân*. Les trois autres *kèlânter* deviennent les membres élus de l'Assemblée du district ; celle-ci nomme à son tour ceux de l'Assemblée du gouvernement ordinaire, et on procédera de même pour celles des gouvernements supérieurs. Chacune de ces dernières nommera ensuite quatre délégués dont l'un, élu par ses collègues, ira siéger au Conseil d'État, à Kaboul.

Les gouvernements qui n'ont pas de districts, ou n'en ont qu'un seul, observent la même règle : on nomme quatre délégués du premier degré et un du second, dans chaque localité, pour former l'Assemblée de Gouvernement.

Les membres du Conseil d'État sont les seuls élus qui touchent une indemnité.

La durée des mandats est de cinq ans ; les membres sortants ne sont pas rééligibles.

Il appartient aux ministres de veiller à ce que les dispositions ci-dessus soient exactement observées.

ANNEXE II

CODE FAMILIAL AFGHAN

DISPOSITIONS
RELATIVES AU MARIAGE ET AUX FIANÇAILLES (1)

———

Le règlement en vigueur a été promulgué par l'Emir sur les observations de personnes compétentes qui lui signalaient les abus — des dépenses excessives notamment — auxquels le mariage servait de prétexte; il est basé sur la Charī'a, ou loi musulmane.

I

Les mariages prématurés sont interdits; un adulte ne pourra plus, désormais, épouser une enfant, et les unions de ce genre contractées dans les deux années qui ont précédé la réglementation actuelle pourront être soumises aux tribunaux, qui se prononceront sur le fait de savoir si elles doivent ou non être confirmées. Le délai pour les

(1) *Niẓâmnâmèyè-Nikâh vè-'Aroûsî.* Lithographié à Kaboul en 1299 de l'Hégire (ère solaire), pet. in-8, 25 p. Les fêtes et cérémonies dont il est question dans ce règlement se retrouvent en Perse sous les mêmes noms ; elles ont été décrites par KAZIMIRSKI, *Dialogues français-persans*, p. 425-434.

actions en nullité de mariage expirera le premier jour (*naurôuʒ*) de l'année solaire 1300.

II

Les unions entre proches parents, condamnées par la loi musulmane et causes fréquentes de discorde dans les familles, sont également interdites. Le délai accordé pour les attaquer expire à la même date.

III

La fête dite *chîrînî khôrî* (1), donnée à l'occasion du mariage et qui se prolongeait pendant plusieurs jours, entraînant de grands frais, ne pourra avoir lieu que dans la nuit qui précède la cérémonie nuptiale. Y seront seuls admis les membres de la famille, le clergé, les témoins et quelques amis intimes ; la fête aura un caractère essentiellement privé, et on évitera les dépenses exagérées.

IV

Aux termes de la loi musulmane, le consentement formel de la fiancée est requis, sous peine de nullité. On a vu trop souvent des parents disposer de leurs filles contre leur gré ; à l'avenir le consentement de celles-ci devra être constaté de manière à ne laisser subsister aucun doute.

V

Les fiançailles étaient suivies de festins, de distributions de toute sorte, d'illuminations et de réjouissances coûteuses ; toutes ces pratiques seront interdites désormais.

---

(1) Ou *chîrînî-khôrân* : littéralement « action de manger des sucreries ».

VI

Les distributions de sucreries, *chîrînî*, auxquelles le *chî-rînî-khôrî* doit son nom, étant un autre sujet de dépenses exagérées, on ne pourra y distribuer plus de quatre ou huit livres de sucreries selon le cas. Les princes, les grands personnages de l'État et les étrangers ne sont pas soumis à cette limitation.

VII

Le montant de la dot est fixé à 5oo roupies, pour la famille de l'Émir ; à 200, pour les Dourrânîs ; à 3o, pour les autres familles.

VIII

D'autres abus se produisant au sujet du trousseau, celui-ci se composera, tous les ornements se trouvant supprimés : pour la famille de l'Émir, de quatre « mains » (*dest*) de soieries, et autant d'étoffes de laine ; pour les Dourrânîs, de trois « mains » de chacun de ces tissus ; les autres familles formeront trois catégories ayant droit respectivement à deux mains de soieries et trois de lainages ; une « main » de soieries et trois de lainages ; une « main » de soieries et deux de lainages.

IX

Les parents de la mariée, en retour des nombreux cadeaux qu'ils avaient reçus de leur gendre, lui donnaient un costume ; l'usage des cadeaux aux parents tendant à se perdre, ceux-ci n'auront plus de costume à donner à leur gendre, qui choisira lui-même ses habits.

X

Le don d'un trousseau à la fiancée, par ses parents, don qui donnait lieu à des manifestations vaniteuses, est supprimé. Une fois le mariage célébré, les parents donneront à leur fille ce qu'ils voudront.

XI

Après cette célébration, les parents des deux époux seront libres de faire à la mariée tous les cadeaux — parures ou autres objets — qu'ils jugeront à propos.

XII

Dans le cas où le mari ne se conformerait pas à la loi religieuse à l'égard de sa femme ou de ses femmes, soit en leur refusant le nécessaire, soit autrement, les intéressées devront s'adresser aux tribunaux.

XIII

La *khatanè sourî* donnant lieu à des dépenses exagérées, il est interdit, à l'avenir, d'y faire aucun frais.

XIV

Les réceptions coûteuses d'invités des deux sexes, à l'occasion de la « nuit du henné », *cheb-é hennâ*, sont supprimées.

ANNEXE III

HIÉRARCHIE DE L'ARMÉE AFGHANE (1)

On distingue, dans l'armée, les hommes de troupe, *selâhendâ*, littéralement « tireurs », comprenant les sous-officiers, caporaux et soldats, et les officiers, *mensebdâr*. Les noms des grades, qui avaient été empruntés à l'armée anglo-indienne, et dont plusieurs étaient anglais ou hindoustanis d'origine, ont été changés récemment, et remplacés par des termes arabes et persans.

La hiérarchie est la suivante : nous donnons, en premier lieu, la dénomination actuelle, et, entre parenthèses, celle qu'elle a remplacée :

Hommes de troupe (Selâhendâ) :

1° *Sipâhî*, soldat.
2° *Delktmecher (Nâyak)*, caporal ou brigadier.

Sous-officiers (Khôrd Zâbetân).

3° *Kâteb-é toûlî (Koût havâlèdâr)*, sergent-fourrier.
4° *Parkmecher (Havalèdâr)*, sergent.
5° *Ser-parkmecher (Ser-havâlèdâr)*, sergent-major.

(1) *Nizâmnâmèyè-Rotbèhdyé-Askerî Dooulet-é 'Aliyèyé Mostekelleyè-Afghanistân.* Kaboul, Imprimerie du Gouvernement, 1299 de l'Hégire (ère solaire), in-16, 4 p.

Officiers subalternes (Zâbet, anciennement Afser) :

6° *Bolodkmecher-é sânî (soûbadar* ou *djoum'adâr-é sânî)*, sous-lieutenant.

7° *Bolodkmecher-é avval (soûbadar* ou *djoum'adar-é avval)*, lieutenant.

8° *Kâteb-é kendek (Mehdjor)*, officier-comptable de bataillon.

9° *Toûlîmecher (Kaptân, Risâlèdâr)*, capitaine.

10° *Kâteb-é ghand (Nevisendèyé-ghand)*, officier-comptable de régiment.

11° *Kâteb-é levâ (Nevîsendèyè-levâ)*, officier-comptable de brigade.

Officiers supérieurs (Amirân, Oumarâ) :

12° *Kendekmecher (Kernel)*, commandant.

13° *Ghandmecher-é sânî (Nâyeb-é Barkad)*, lieutenant-colonel.

14° *Ghandmecher-é avval (Barkad)*, colonel.

Officiers généraux (Erkân) :

15° *Levâmecher (Djernel)*, général de brigade.
16° *Ferkèmecher* (nouveau grade), général de division.
17° *Nâyeb-é Sâlâr*, vice-général en chef.
18° *Sipehsâlâr*, général en chef.

La création de deux classes de *bolodkmecher* est récente : elle n'a pas modifié les attributions des titulaires de ce grade, qui continuent de toucher leur ancienne solde. Le grade de général de division est également nouveau dans l'armée afghane. Les officiers-comptables sont assimilés aux officiers subalternes et, pour le grade le plus élevé, aux commandants. L'ancien grade de *koûmîdân*, ou adjudant-major, doit être supprimé par voie d'extinction.

ANNEXE IV

UNIFORMES DE L'ARMÉE AFGHANE (1)

———

Les généraux possèdent trois uniformes ou tenues, *lebâs :*
1° grande tenue, *resmî;* 2° petite tenue, *nîm resmî;*
3° tenue de campagne, *harbî* ou *djenguî.* La première
comporte une tunique, *kertî* (2), rouge, à un rang de boutons, avec collet, *yakhan*, parements, *keff*, et pattes de parements, *tâs*, noirs, et un pantalon, *patloûn* ou *pantaloûn*,
noir à double bande et passepoil rouges.

La grande tenue est également portée par les officiers
supérieurs, mais non par les officiers subalternes. Pour
les premiers, elle se compose d'une tunique noire et d'un
pantalon noir, de la même coupe que ceux des officiers
généraux. Dans les armes à cheval, le pantalon a une
bande ; dans les armes à pied, un passepoil seulement. Les
ornements sont de la couleur affectée à l'arme ou au service.

Les pattes d'épaules, *sèrchânè*, sont en tresses d'or ;
celles des généraux, plus larges que celles des autres officiers, affectent la forme d'une contre-épaulette. Toutes

---

(1) *Nîẕâmnâméyé-Elbiséyé-'Askériyé.* 1ʳᵉ édition, publiée à Kaboul par
l'Imprimerie de l'École des Sciences militaires, 1299 de l'Hégire (ère solaire),
in-16, 9 p., avec plusieurs planches d'uniformes et un tableau des couleurs
distinctives.

(2) Ce mot désigne aussi la redingote et la vareuse, bien qu'il s'agisse de
vêtements complètement différents.

portent, sur le côté extérieur, un écusson métallique aux armes de l'Afghanistan.

Dans chaque catégorie : officiers généraux, supérieurs et subalternes, les insignes de grades, *'elâmèt rotbèhâ*, sont portés sur le collet. Le moins élevé en grade n'en a pas ; son supérieur immédiat porte une étoile à seize branches, et les officiers des grades les plus élevés, deux ou trois.

Un bonnet persan, *kolâh*, de fourrure noire, portant les armes nationales, est la coiffure officielle.

Le ceinturon de sabre, *kèmèrbènd*, de grande tenue, est en tresses d'or, avec plaques et garnitures de métal doré. Les soutaches, *roûb*, d'argent, sont portées en grande tenue par les généraux, les officiers supérieurs et les aides-de-camp de l'Émir, quel que soit leur grade. Le port des gants est obligatoire en grande tenue ; il en est de même de celui des éperons, qui doivent accompagner toutes les chaussures, bottes de cuir noir ou bottines.

La grande tenue est supprimée pour les officiers subalternes et les hommes de troupe, exception faite pour les gardes du palais et la cavalerie de la garde, qui ne la mettent que pour les fêtes officielles et les cérémonies auxquelles assiste l'Émir. Quand ils la portent, les officiers sont tenus d'avoir toutes leurs décorations, nationales ou étrangères. A l'étranger, les officiers afghans portent la grande tenue dans les cérémonies officielles.

Seuls les généraux ont une petite tenue, comportant une redingote à deux rangs de boutons, avec collet noir, et pantalon noir. Le reste de l'uniforme comme pour la grande tenue ; les décorations sans cordons. La petite tenue est portée aux fêtes et réceptions de l'Émir n'ayant pas le caractère d'une solennité.

Enfin la tenue de campagne, la seule que possèdent les

officiers subalternes et les hommes de troupe, est la même pour toute l'armée. Elle comprend une vareuse khaki à un rang de boutons, avec poches de poitrine et collet rabattu, analogue à celle des officiers français, un pantalon khaki et des brodequins (*bôt*) à clous pour les troupes à pied ; une culotte (*bèrdjès*) et des bottes (*moûχè*) à éperons pour les troupes à cheval, et une capote (*bâlâpoûch*) gris-bleu clair avec collet rabattu, parements à revers, poches et ceinture ; celle des officiers a deux rangs de boutons ; celle des hommes de troupe, un seul. Chaque arme ou service a sa couleur distinctive ; 1° pour les écussons (*fîtè*) des bras et les galons de grades ('*èlâmet-é rotbèhâ*) pour la troupe ; 2° pour le collet des officiers. Ceux-ci ont des pattes d'épaules — supprimées dans la troupe — en drap de la couleur du fond, avec les armes de l'Afghanistan posées à même sur le drap, pour les officiers subalternes ; sur un écusson de soie, pour les officiers supérieurs.

Le collet porte le numéro de l'unité, pour la troupe ; des étoiles de bronze dont le nombre indique le grade, pour les officiers. La capote de ces derniers a le même collet et les mêmes pattes d'épaule que la vareuse ; elle recouvre le ceinturon, qui est mis sur la vareuse, en laissant passer la bélière.

Le bonnet, *kolâh*, est en drap khaki, sans ornements, pour la troupe ; en fourrure khaki, avec les armes nationales, pour les officiers.

Tous les officiers montés doivent porter constamment la culotte de cheval avec les bottes à éperons.

En tenue de campagne, le port des ordres suivants : Fidélité, Bravoure, Indépendance (ce dernier sans le grand cordon) est prescrit ; les autres décorations sont autorisées.

Dans aucun cas, les officiers ne peuvent porter de vêtements civils, sous peine d'une retenue de solde (*tènkhâh*) de quinze jours. Il en est de même, s'ils prennent un uni-

forme ou des insignes autres que ceux qui leur sont prescrits. Les hommes de troupe sont autorisés à mettre le costume national en dehors du service.

Le règlement en vigueur, accordant un délai de deux
mois à Kaboul, de quatre mois en province, pour supprimer
les anciens uniformes, porte que tous les vêtements et
chaussures doivent être confectionnés avec des draps et des
cuirs de provenance afghane, afin de favoriser l'industrie
nationale.

.˙.

Les hommes de troupe portent des galons de grade de la
couleur distinctive : ces galons, de forme circulaire, sur-
montent le parement, et le premier suit la couture jusqu'au
bas de la manche. Le caporal porte un galon ; le sergent-
fourrier, deux ; le sergent, trois ; le sergent-major, trois
également, mais celui d'en haut forme une boucle.

.˙.

Les couleurs distinctives sont les suivantes : généraux,
écarlate ; état-major, cramoisi ; ministère de la Guerre,
brun foncé ; infanterie, gris-noir ; chasseurs, vert ; cavalerie, gris-bleu clair ; artillerie, noir ; génie, gris cendré ;
train, brun clair ; corps de santé, violet ; vétérinaires, brun
noirâtre.

ANNEXE V

DÉCORATIONS AFGHANES (1)

———

Ordre d'Almer (Nichân-é Almer).

La plus haute des distinctions afghanes. Elle est con-
férée directement par l'Émir, sans propositions de la part
des ministres, aux Afghans et aux étrangers qui ont rendu
à la nation des services militaires ou politiques exception-
nels, soit en garantissant sa sécurité, soit en développant
son influence, ou en assurant ses progrès futurs.

Chaque titulaire, Afghan ou étranger, reçoit une somme
de 15.000 roupies et un domaine de 250 arpents, pour la
deuxième classe ; une somme de 25.000 roupies et un domaine de 500 arpents, pour la première. Les propriétés ainsi
concédées sont transmissibles par voie d'héritage, mais ne
peuvent être vendues. La première classe peut être concédée
aux étrangers entrés au service de l'Afghanistan.

Les insignes sont, pour la première classe, dite « très
haute », *a'lâ*, une plaque portée sur le côté droit et sur le
kolah, ou coiffure nationale ; une décoration, *pîk*, portée à
un grand cordon ; un collier ; un *kouseï*, manteau de cour.
Les titulaires de la deuxième classe, dite « haute », *'âli*,

(1) *Nizâmnâméyé-Nichânhâyé-Zîchân Dooulet-é 'Aliyèyé-Mostekelleyé-
Afghanistan.* Kaboul, Imprimerie du Gouvernement, 1299 de l'Hégire (ère
solaire), in-16, 14 p.

ont la plaque à *gauche*, *la décoration avec cordon*, une aigrette, *djighè*, blanche sur le kolah, et le manteau de cour. Le port de tous ces insignes est obligatoire dans les cérémonies officielles. Le fils aîné du titulaire en hérite, mais n'a pas le droit de les porter.

Les chefs d'États étrangers auxquels l'Émir confère cet ordre ne reçoivent pas de dotations en argent ou en terrains.

Ordre du Serdâr (Nichân-é Serdâr).

Cet ordre, qui comporte aussi deux classes, récompense les services civils, militaires ou politiques rendus à l'Afghanistan par ses nationaux ou les étrangers : ces derniers peuvent recevoir la première classe. La composition des insignes est la même que ci-dessus; mais l'aigrette du *kolâh* est rouge.

Le titre de *Serdârî* est donné aux membres afghans de l'ordre; les étrangers peuvent aussi le prendre.

Ordre de l'Indépendance (Nichân-é Istiklâl).

Fondé en commémoration de l'indépendance de l'Afghanistan, cet ordre est réservé en principe aux officiers. Il récompense, en temps de paix, les *services intelligents et consciencieux*; en temps de guerre, les *actions d'éclat de toute nature*. Les civils ayant rendu, en temps de guerre, des services signalés à l'armée peuvent aussi l'obtenir.

L'ordre de l'Indépendance comprend deux catégories : de paix et de guerre, et quatre classes. Les titulaires de la première classe portent une plaque sur la poitrine et une décoration suspendue au grand cordon; ceux de la deuxième, la plaque et la décoration en sautoir, sans cordon; ceux de la troisième, la décoration en sautoir; ceux de la quatrième, la décoration sur le côté gauche. En temps de guerre, l'ordre ne peut être conféré que pour actions d'éclat ; deux sabres nus, ajoutés à la décoration, montrent qu'elle a été obtenue pour ce motif. En ce cas, elle donne droit à une pension de 1.000, 400, 200 ou 100 roupies, selon la classe. Le fils aîné hérite des insignes et peut les porter, avec la permission de l'Émir pour les deux premières classes ; du ministre de la Guerre pour les autres, si son père a été décoré pour faits de Guerre. Pendant soixante ans la pension du titulaire est payée à ses héritiers. Les officiers étrangers ne reçoivent pas de pensions.

Ordre d'Estoûr (Nîchân-é Estoûr).

Institué pour récompenser les Afghans : militaires, fonctionnaires civils et simples particuliers, qui ont rempli dignement leur devoir. Ses insignes se composent d'une plaque, portée à gauche, et du cordon.

Ordre de la Fidélité (Nichân-é Vefâ).

L'Émir confère cet ordre à ceux qui lui ont donné des preuves de loyalisme, soit à son avènement, soit depuis cette époque. Il existe trois classes donnant droit à des domaines de 100, 50 et 20 arpents, ne pouvant être vendus, mais transmissibles par héritage, de même que les insignes de l'ordre que le fils aîné du titulaire peut porter avec l'autorisation de l'Émir. Les étrangers reçoivent également les domaines accordés à leur grade. Toutefois, ces avantages matériels ne peuvent être accordés à ceux qui ont déjà été récompensés par l'Émir lors de son avènement. La décoration se porte à gauche.

Ordre de Loûy Khân (Nichân-é Loûy Khân).

Cet ordre a été fondé pour récompenser les Afghans ayant montré leur patriotisme en travaillant, soit à favoriser les progrès de la nation, soit à assurer sa sécurité, soit à l'unité nationale. Il donne droit à un domaine de 40 arpents, transmissible par héritage; le fils aîné du titulaire hérite des insignes et peut les porter avec l'autorisation du ministre de l'Intérieur.

Ordre de la Bravoure (Nichân-è Choudjâ'at).

Cette décoration, portée à gauche, est accordée pour faits de guerre aux officiers et hommes de troupe. Le fils aîné du titulaire en hérite et peut la porter avec l'autorisation du ministre de la Guerre.

Une décision récente porte que les étrangers titulaires d'ordres afghans autres que celui de la Fidélité ne recevront pas de récompenses en argent ou en nature.

ANNEXE VI

LA MISSION D'ÉTUDIANTS AFGHANS ENVOYÉE A PARIS ET ADMISE LE 31 OCTOBRE 1921 AU LYCÉE MICHELET, A VANVES

Noms et prénoms.	Nom du père.
S. A. le prince Hidayatoullah.	Sa Majesté l'Emir d'Afghanistan Amanoullah Khan.
2. Serdar prince Abdoul Madjid Khan.	Sa Majesté Habiboullah Khan (ancien émir d'Afghanistan).
3. Serdar prince Mohammed Ali Khan.	Sa Majesté l'Émir Habiboullah Khan.
4. Mohammed Tahir Khan.	Son Excellence Nadir Khan, ministre de la Guerre.
5. Mohammed Daoud Khan.	Serdar Mohammed Aziz Khan, Inspecteur général des Étudiants afghans.
6. Goulam Mohammed Khan.	Son Excellence Serdar Chir Ahmed Khan, ambassadeur en Italie.
7. Goulan Hassan Khan.	Général Goulam Nabi Khan, ambassadeur à Moscou.

Noms et prénoms.	Nom du père.
8. Goulam Safdar Khan.	Djoumma Khan.
9. Ahmed Ali Khan.	Son Excellence le général Mohammed Vali Khan, ambassadeur extraordinaire et ministre plénipotentiaire d'Afghanistan.
10. Mohammed Hossein Khan.	Hadji Abdour-Raouf Khan.
11. Habiboullah Khan.	Abdour-Rahman Khan.
12. Abdoul-Hamid Khan.	Son Excellence Abdoul-Aziz Khan, ambassadeur à Téhéran.
13. Mohammed Iakoub Khan.	Mohammed Ioussouf Khan.
14. Abdour-Rahim Khan.	Abdoul-Vahid Khan.
15. Serdar Mohammed Naïm Khan.	Prince Mohammed Omar Khan.
16. Din Mohammed Khan.	Khair Mohammed Khan.
17. Mohammed Iounous Khan.	Hadji Mohammed Hachim Khan.
18. Nouroullah Khan.	Nour Mohammed Khan.
19. Mohammed Ibrahim Khan.	Abdoul-Hossein Khan.

Noms et prénoms.	Nom du père.
20. Abdoul-Taouab Khan.	Son Excellence Mohammed Tarzi, ministre des Affaires étrangères.
21. Serdar Mohammed Azim Khan.	Prince Mohammed Omar Khan.
22. Mohammed Chérif Khan.	Mirza Mohammed Nabi Khan
23. Mohammed Zaman Khan.	Mohammed Tahir Khan.
24. Abdoullah Khan.	Mirza Khoudadad Khan.
25. Mir Mohammed Ioussouf Khan.	Mir Ahmed Khan.
26. Nour Mohammed Khan.	Goul Mohammed Khan.
27. Safar Ali Khan.	Pir Mohammed Khan.
28. Mohammed Aslam Khan.	Mohammed Enver Khan.
29. Goulam Sydyk Khan.	Mohammed Hassan Khan.
30. Mohammed Kabir Khan.	Madad Khan.
31. Mohammed Iakoub Khan.	Goul Émir Khan.

Noms et prénoms.	Nom du père.
32. Chir Ahmed Khan.	Iskander Khan.
33. Abdoul-Ghani Khan.	Abdour-Rahman Khan.
34. Serdar Mohammed Naïm Khan.	Prince Mohammed Omar Khan.

	Qualité.
1. Serdar Mohammed Aziz Khan.	Inspecteur général des étudiants afghans.
2. Mohammed Zoulfakar.	Secrétaire.
3. Mohammed Hachim Khan.	Précepteur.

TABLE DES MATIÈRES

ANNEXES

TABLE DES ILLUSTRATIONS

5139. — Tours. Imprimerie E. ARRAULT et Cⁱᵉ.